Heinz Weißfuß

DIE SCHÖNSTEN AUSFLÜGE

SCHMANKERLFÜHRER
OBERBAYERN

Die leckersten Einkehr- und Einkaufstipps

Inhalt

DIE GASTHÄUSER, BAUERNCAFÉS, KÄSESTUBEN, ALMEN UND FISCHERSTUBEN

Metzger und Wirt Andy Gassner mit Bedienung Petra

DIE URIGEN

BIERGÄRTEN, KLOSTERBRAUER-EIEN UND VIKTUALIENMARKT

*Das Dachauer Hinterland.
Einst waren Mohn, Raps
und Margeriten Motive der
Dachauer Malerkolonie.*

Die Suche nach den versteckten Schmankerln

Es stimmt: Die Bayern lieben und pflegen eine barocke Lebensart und eine traditionelle Küche. Und wegen so alter, klischeehafter Überlieferungen denkt so mancher, die bayerische Küche sei nur derb, und reduziert sie auf Schweinebraten, Weißwürste und Leberkäse. Sicher, diese deftigen Gerichte gab und gibt es, aber niemand würde sich in Bayern damit begnügen. In diesem Lande gibt es einen großen Reichtum an natürlichen Produkten und eine lebendige Wirtshauskultur, die sich weiterentwickelt. Ich habe mich für Sie auf die Reise durch Oberbayern begeben und Gasthäuser ausfindig gemacht, die sich noch die Mühe machen, oft zeitaufwendige Gerichte frisch zuzubereiten, und die deshalb für ihre Spezialitäten geschätzt und geliebt werden. Wie zum Beispiel die Mader Wally im Mesnerwirt in Siegsdorf. Die Wally zaubert in dem ehemaligen Bauernhof

4

die besten Bratkartoffeln weit und breit. Da werden die Spiegeleier oder das Schnitzel zur Beilage. Ihr Geheimnis: Pfannen, in denen sie ausschließlich Kartoffeln brät, einen mit Holz befeuerten Herd und jede Menge frische Butter.

Oder haben Sie Lust auf einen Ausflug zu einem Berggasthof mit Panoramablick, wo die Wirtin jeden Donnerstag und Freitag frische Bio-Nudeln macht? Beim Stichwort Fisch verrate ich Ihnen, wo Sie an den oberbayerischen Seen den besten und frischesten Fisch bekommen. Wir besuchen eine Fischerhütte am Chiemsee, wo Forellen oder Saibling vor Ihren Augen gegrillt werden, oder finden die feinsten Fischpflanzl am Staffelsee, die auch alle sieben einheimischen Fischer an ihrem Stammtisch genießen. Die Jahreszeiten spielen dabei eine wichtige Rolle. Wild, Geflügel und Gemüse stehen nur zu einer bestimmten Jahreszeit frisch zur Verfügung. Dann gibt es auch Fixpunkte im kulinarischen Kalender, die einen kirchlichen Ursprung haben. An Martini und an Kirchweih wird traditionell Geflügel gegessen, das im Herbst am besten schmeckt, und ich sage Ihnen, wo Sie unbedingt bestellen müssen, um den Traum von einer reschen Gans oder Ente nicht zu einem Alptraum werden zu lassen. Auch die bayerische Bierkultur folgt dem Rhythmus der Jahreszeiten. Im Frühjahr, in der Fastenzeit, wird der schwindende Winter mit einem kräftigen Schluck Starkbier verabschiedet. Im Sommer und am Vormittag ist ein spritziges Weißbier angesagt. In dcn zahlreichen Biergärten in München und Umgebung wird in den Sommermonaten das Bier nur noch massweise gestemmt, als Übungseinheit für das bevorstehende Oktoberfest. Sauberes, glasklares Wasser, heimische Gerste und Hopfen aus der Hallertau – der „Bier-Toskana" Bayerns – sind die Voraussetzung für diese großartige Bierkultur. Ich bin auf eine Vielzahl hervorragender Spezialitäten gestoßen, die einmal mehr beweisen, dass Bayern viel mehr als Bier, Leberkäse und Weißwürste zu bieten hat. Sie finden in diesem Buch hilfreiche Tipps, wie Sie diese lohnenswerten Gasthäuser finden und was Sie an Publikum, Atmosphäre erwartet – jedoch nicht, was Sie der Spaß kostet, denn die Preise unterliegen immer Schwankungen und sind gegenwärtig besonders stark von der weltweit unsicheren Wirtschaftslage abhängig. Was man aber sagen kann: Es sind fast ausschließlich Familienbetriebe aufgeführt, die man in die Kategorien »günstig«, »günstig bis mittel« und »mittel« einteilen kann. Lassen Sie sich an der Hand nehmen, schauen Sie in Gaststuben und Kochtöpfe und erleben Sie dabei ein Stück echtes Bayern.

Viel Spaß wünscht Ihnen Ihr Heinz Weißfuß

Im Sonntagsgwand mit einer Virginia und einer Schneider Weißen

5

Die Schmankerl von A bis Z

Bayerische Delikatessen – meist gehaltvoll, oft ausgefallen, immer köstlich

Die angegebenen Gasthäuser wurden gewählt, weil sie neben der genannten auch weitere bayerische Spezialitäten anbieten.

A

An Guadn: Bayerisch für »Einen guten (Appetit)«.

Apfelschmarrn: Kaiserschmarrn (siehe dort) mit Äpfeln. – Beim Sedlmayr, München (siehe Seite 22).

Apfelstrudel: Strudel (siehe dort) mit einer Füllung aus Apfelstücken, Zimt, Rosinen und gerösteten Semmelbröseln; oft serviert mit Vanillesoße oder Eis und Sahne.

Auszogne (Knieküchle): Rundes Schmalzgebäck aus Hefeteig mit weichem Randwulst und knusprigem, hauchdünnem Innenteil. – Café Frischhut, München (siehe Seite 92).

B

Tellerfleisch mit Meerrettich und frischem Schnittlauch in der Forschungsbrauerei

Bärlauch (*Allium ursinum*): Altbekannte Gemüse-, Gewürz- und Heilpflanze; alle Teile essbar, bevorzugt werden Blätter; mild zwiebel- und knoblauchartig. – Landgasthaus Beim Kargl – der Bärlauchwirt, 82442 Saulgrub, Im Kirchfeld 9, Tel.: 08845/640; www.kargl.saulgrub.de; warme Küche 12–21 Uhr; Do Ruhetag.

Beuscherl: Siehe Lunge.

Bier entsteht durch Gärung aus den Grundzutaten Wasser, Hopfen und Malz (gekeimtes Getreide, meist Gerste); Einteilung nach dem Stammwürzegehalt in Einfach-, Schank-, Voll- und Starkbiere oder nach der verwendeten Hefesorte in obergärige (Weizenbier = Weißbier = Hefeweizen) und untergärige Biere (Dunkles, Helles, Exportbier).

Unfiltriertes Kellerbier: Mit naturbelassener Hefe. – Schlossbräukeller Au in der Hallertau (siehe Seite 34).

Dunkles Exportbier: Untergäriges Bier mit starkem Malzaroma. – Bräustüberl, Au am Inn (siehe Seite 77).

Starkbier: Unter- oder obergäriges Bier mit hohem Stammwürze- und damit auch Alkoholgehalt. – Bräustüberl der Forschungsbrauerei, München-Perlach (siehe Seite 30).

Klosterbier: Kräftiges Bier, mit dem Mönche früher während der Fastenzeit den Hunger bekämpften. – Klosterbrauereien (s. Seite 88).

Bier vom Holzfass: Augustiner am Platzl, Orlandostr. 5, 80331 München, Tel.: 089/21 11 35 77; geöffnet 10 bis 24 Uhr; 4 Stuben, 370 Plätze; helles Lagerbier aus dem Holzfass. – Ayinger am Platzl, Platzl 1a, 80331 München, Tel.: 089/23 70 36 66; geöffnet 11–1 Uhr; 140 Plätze, im Wirtsgarten 80 Plätze; ab 17 Uhr gibt es das Ayinger Jahrhundertbier aus dem Holzfass.– Gasthaus Isarthor (Augustiner), 80538 München, Kanalstraße 2, Tel.: 089/22 77 53; www.gasthaus-isarthor.de; geöffnet 10–1 Uhr; durchgehend warme Küche, mehrmals wöchentlich Bier vom Holzfass; Franz, bester Schankkellner von München, genannt »der Fassbierflüsterer«. – Bratwurstherzl (Hacker-Pschorr), 80331 München, Dreifaltigkeitplatz 1, Tel.: 089/29 51 13; www.bratwurstherzl.de; geöffnet Mo–Sa 10–23 Uhr, So/Fei geschlossen. – Nürnberger Bratwurst Glöckl am Dom (Augustiner), 80331 München, Frauenplatz 9, Tel.: 089/29 19 45-0; www.bratwurst-gloeckl.de; geöffnet Mo–Sa 10–1, So 11–23 Uhr. – Augustiner-Keller, München (siehe Seite 82). – Königlicher Hirschgarten, München (siehe Seite 84). – Gasthof zum Wildpark (Hacker-Pschorr), Straßlach (siehe Seite 53).

Blaue (saure) **Zipfel**: Schweinsbratwürste, die in gewürzter Brühe mit Essig garziehen und sich durch den Essig leicht bläulich verfärben. – Beim Sedlmayr, München (siehe Seite 22).

Blutwurst: Kochwurst aus Blut (meist vom Schwein), Schwarte, Speck und Gewürzen; Bestandteil der Schlachtschüssel (siehe dort).

Böfflamott: Eigentlich Boef a la mode; geschmorte, vorher etwa drei Tage in Rotwein marinierte Rinderschulter.

Bratwurst: Eigentlich eine fränkische Spezialität, aber sehr beliebt; hat ihren Namen von »Brät« (klein gehacktes Fleisch), nicht von »braten«; meist gewürztes, unterschiedlich fein gehacktes Schweinefleisch im Naturdarm; roh oder gebrüht. – Bratwurstherzl, 80331 München, Dreifaltigkeitsplatz 1, Tel.: 089/29 51 13; www.bratwurstherzl.de; geöffnet Mo–Sa 10–23 Uhr, So/Fei geschlossen. – Nürnberger Bratwurst Glöckl am Dom, 80331 München, Frauenplatz 9, Tel.: 089/29 19 45-0; www.bratwurst-gloeckl.de; geöffnet Mo–Sa 10–1, So 11–23 Uhr.

Breze (Brezel, Brezen, Brezn): Laugengebäck aus einem symmetrisch verschlungenen Hefeteigstrang, der vor dem Backen für wenige Sekunden in Natronlauge getaucht wird.

Brezenstange: Café Reichshof, 81667 München, Wörthstraße17, Tel.: 089/448 40 82; geöffnet Mo–Sa 7–20 Uhr.

Briesmilzwurst: Siehe Milzwurst.

Butternudel: Spezialität des Chiemgaus; kinderfaustgroßes Hefeteiggebäck; wird in Butter schwimmend im geschlossenen Topf gegart

Frisch gezapft schmeckt das Bier am besten.

In vielen Biergärten gibt es auch einen Maibaum.

9

und mit Sauerkraut und Zwetschgenmus serviert. – Alpengasthof Fritz am Sand, 83324 Ruhpolding, Tel.: 08663/88 40; www.hotel-ruhpolding.de; geöffnet Mo–So 9–24 Uhr; Butternudeln 11–14 Uhr nach Vorbestellung.

D

Dampfnudel: Faustgroßes Hefeteiggebäck mit knuspriger Unter- und weicher Oberseite; wird im geschlossenen Topf in Milch gegart und mit Vanillesoße serviert. – Gasthaus Waller, Oberaudorf-Reisach (siehe Seite 74). – Wirtschaft zum Häring, Tutzing (s. Seite 46).

Gefülltes Stubenküken beim Weißenbeck

E

Ente: In Bayern meist mit Äpfeln und Zwiebeln gefüllt, resch (knusprig) gebraten oder gegrillt und mit Blaukraut und Knödeln serviert. – Gasthaus Weißenbeck, Unterbachern bei Dachau (siehe Seite 44). – Gasthaus Holzwirt, Ascholding (siehe Seite 60).

F

Fasan: Gasthaus Weißenbeck, Unterbachern bei Dachau (siehe Seite 44).

Fisch: In Südbayern beliebte heimische Speisefische sind Bachforelle (*Salmo trutta*), Saibling (*Salvelinus* sp.), Äsche (*Thymallus thymallus*), Zander (*Sander lucioperca*), Renke (*Coregonus* sp.) u. a.

Fischpflanzl: Ähnlich Fleischpflanzl (siehe dort), nur mit Fischfleisch. – Fischer Sebald, Münsing-Ammerland (siehe Seite 54). – Fischstüberl, Seehausen a. Staffelsee (s. Seite 50).

Fischpflanzl mit Kartoffelsalat im Fischerstüberl in Seehausen

Fischsemmel: Eingeschnittene Semmel, belegt mit Zwiebelringen und Fischfilet, beispielsweise mit Saiblingsfilet bei Fischer Sebald, Münsing-Ammerland (siehe Seite 54) oder mit Flusskrebsfleisch bei Fisch Witte, München (siehe Seite 92).

Fleischpflanzl (ursprünglich Fleisch*pfannz*l; Frikadelle, Bulette): Flach gedrückte, in der Pfanne gebratene Bällchen aus Hackfleisch, Semmeln, Zwiebeln, Ei und Gewürzen. – Andechser am Dom, München (siehe Seite 24).

G

Gschwollne: Siehe Wollwurst.

H

Hasenbraten: Meistens nur November–Januar aus Frischfleisch. – Gasthaus Weißenbeck, Unterbachern bei Dachau (siehe Seite 44).

Hauswildschwein: Einzigartige Kreuzung von Hausschwein und Wildschwein, auch bezüglich des Geschmacks. – Paulaner im Tal; 80331 München, Tal 12, Tel.: 089/219 94 00; www.paulaner-im-tal.de; geöffnet Mo–So 10–24 Uhr.

Haxe (Hax'n): Süddeutsch für Hachse; Unterschenkel vom Schwein oder Kalb (siehe dort); wird meist fein gewürzt und im Ganzen langsam gegrillt oder in Scheiben geschnitten, geschmort und mit Soße zubereitet. – Haxnbauer, München (s. Seite 20). – Jägerwirt, Bad Tölz-Kirchbichl (s. Seite 62).

Hendl (Brathähnchen): Eigentlich weltweit beliebt, in Bayern in nahezu jedem Supermarkt preisgünstig angeboten, jedoch oft zu Lasten von Tier, Umwelt und Fleischqualität. – Bräustüberl der Forschungsbrauerei, München-Perlach (siehe Seite 30). – Augustiner-Keller, München (siehe Seite 82). – Gasthaus zum Wildpark, Straßlach (siehe Seite 53).

Hopfensprossen (Hopfenspargel): Junge, weiße Triebe der Hopfenpflanze; aufwendige Ernte, daher selten angeboten; Zubereitung als Suppe, Salat oder gegart in heller Soße. – Gasthaus Ostermeier, Attenkirchen-Gütlsdorf (siehe Seite 38).

Echtes Wienerschnitzel

I

Innereien (Bries, Herz, Leber, Lunge, Milz u. a.): Werden in Bayern gerne gegessen und variationsreich zubereitet.

Angebotstafel am Ladeneingang beim Fischer Sebald am Starnberger See

K

Kaiserschmarrn: In kleine Stücke zerrissener Pfannkuchen, mit Puderzucker bestäubt und mit Kompott serviert, manchmal mit Rosinen und Mandelblättchen verfeinert. – Almgasthaus Café Aibl, Im Engerl, Berghaus 49, 83708 Kreuth-Scharling, Tel.: 08029/437; www.aibl.de; geöffnet 11–24 Uhr, Mi–Do Ruhetage; schöne Lage über dem Tegernseer Tal.

Kalbsfuß: Wird meist gekocht als Sulzfleisch (Brühe geliert) verwendet, selten gebacken. – Gebacken: Beim Sedlmayr, München (siehe Seite 22).

Kalbshaxe (siehe Haxe): An Buchenholzkohle gegrillt, mit Kartoffelknödel und Salat: Haxnbauer, München (siehe Seite 20). – Gegrillt (Vorbestellung), mit hausgemachten Kartoffelknödeln und Salat, oder geschmort, mit frischem Gemüse und Weißkraut-Semmelwickerl: Gasthaus Jägerwirt, Bad Tölz-Kirchbichl (siehe Seite 62).

Kalbskopf: Wie Kalbsfuß. – Gebacken: Gasthaus Limm, Münsing (siehe Seite 52).

Kalbsnierenbraten: Rollbraten aus Kalbsrückenfleisch, gefüllt mit halbierten Kalbsnieren. – Beim Sedlmayr, München (s. Seite 22).

Kartoffelgmias (Kartoffelgemüse): Heiße, gekochte Kartoffelscheiben, gewürzt mit Zwiebeln, Essig, Brühe und Gewürzen. – Beim Sedlmayr, München (siehe Seite 22).

Kartoffelknödel: Siehe Knödel. – Gasthaus Weißenbeck, Unterbachern bei Dachau (s. Seite 44).

Die resche Ente mit Kartoffel-knödel und Salat beim Jägerwirt in Aufhofen

Kartoffelsalat: Leicht abgekühlte, gekochte Kartoffeln, angemacht mit Essig, Öl und Gewürzen, Fleischbrühe, Zwiebel, Schnittlauch und/oder Speck, Salatgurke u. a. – Biowirtshaus Eisgruber, 83536 Gars am Inn, Huttenstätt 3, Tel.: 08073/452; www.biohofeisgruber.de; geöffnet Sommer Di–So 10–24 Uhr (Biergarten ab 1. Mai), Winter Do–So.

Kasnocken: Esslöffelgroße, längliche Semmel»knödel« (Nocken) mit Käse im Teig, in Salzwasser gegart und mit geriebenem Parmesan und zerlassener Butter garniert. – Beim Zotzn, Rottach-Egern (siehe Seite 64).

Kesselfleisch: Gekochtes Bauch- und Kopffleisch vom Schwein; Bestandteil der Schlachtschüssel (siehe dort).

Kirchweihnudel: Siehe Schmalznudel.

Knöcherlsulz: Sülze aus in saurem Sud gegarten Kalbs- und Schweinefüßen, meist mit Scheiben von Essiggurke, Ei und Tomate garniert. – Marktstüberl, München (siehe Seite 27) (auf Bestellung). – Metzgerei Sageder, Markt am Elisabethplatz, Stand 4, 80796 München, Tel.: 089/271 00 42; geöffnet Di–Fr 8–18.30 Uhr, Sa 7.30–13.30 Uhr; immer mittwochs.

Knödel: Süddeutsch für Kloß; in Salzwasser gegarte, meist kinderfaustgroße Kugeln aus verschiedenen Grundzutaten (in Bayern meistens Kartoffeln oder Semmeln); für süße oder herzhafte Gerichte und als Suppenbeilage. – Beim Zotzn, Rottach-Egern (siehe Seite 64).

Kocherl: Nicht nur abwertende Bezeichnung für Küchenhilfe.

Kronfleisch: Innerei; Zwerchfell vom Rind, Kalb und Schwein; meist in Brühe gekocht und mit Meerrettich, Mischbrot, Senf, grobem Salz, Essiggurken und Schnittlauch serviert. – Weisses Bräuhaus, München (siehe Seite 21).

L

Lammfleisch: In Bayern eine seltene Delikatesse; stammt von weniger als ein Jahr alten Tieren und wird gegrillt, gebraten und gekocht. – Gasthaus Zum Raben, 85110 Kipfenberg-Arnsberg, Schlossleite 1, Tel.: 08465/940 40; www.zum-raben.de; geöffnet täglich 8–24 Uhr;

warme Küche 11:30–14 Uhr und 17:30–21 Uhr; jedes Jahr Oster-lammwochen.

Leber: Meist vom Kalb; wird gebraten oder mit säuerlicher Soße zu-bereitet. – Gasthaus Limm, Münsing (siehe Seite 52).

Leberkäs: Rind- und Schweinefleisch, Speck vom Nacken, gewürzt, mit Eis zerstoßen und in eckiger Pastetenform gegart; wird warm, kalt oder gebraten verzehrt; sehr beliebter Imbiss. – Zum Franziska-ner, München (siehe Seite 26).

Leberknödelsuppe: Fleischbrühe mit Knödeln (siehe dort) aus Le-ber, Speck, Ei, eingeweichten Semmelwürfeln und Gewürzen. – Münchner Suppenküche, 80331 München (Viktualienmarkt), Tel.: 089/74 74 74 78; www.muenchner-suppenkueche.com; geöffnet Mo–Fr 10–18 Uhr, Sa 9–17 Uhr.

Leberwurst: Kochwurst aus Muskelfleisch, Speck, Leber und Gewür-zen; Bestandteil der Schlachtschüssel (siehe dort).

Diese Tafel hängt beim Gschwandtnerbauer.

M

Milzwurst: Wurst mit Stücken von Milz, Bries und Kalbskopffleisch; wird meist angebräunt und mit lauwarmem Kartoffelsalat serviert. – Gasthof zur Post, Prutting (siehe Seite 32).

N

Nocken: Länglich geformte »Knödel« aus verschiedenen Grundzuta-ten; Nockerl sind kleiner und meist Suppeneinlage.

Nudeln: Berggasthaus Taubenberg, Warngau (siehe Seite 72).

O

Obatzter (Obatzda): Käsecreme aus Camembert und anderen Weich-käsen, Butter, Zwiebeln und Gewürzen. – Bräustüberl der For-schungsbrauerei, München-Perlach (siehe Seite 30).

Ochsenkotelett: Gasthof zur Post, Prutting (siehe Seite 32).

Ochsenrahmbraten: Inntaler Ochsenfleisch in köstlicher Rahmsoße. – Hotel-Gasthof und Metzgerei Keindl, 83033 Niederaudorf, Dorf-straße 2–4, Tel.: 08033/304 00; www.hotel-keindl.de; geöffnet Mi–Mo 7–24 Uhr.

Die Saiblingsfiletsemmel vom Fischer Sebald

Ochsensemmel: Gegrillte Ochsenlende in der Semmel. – Kleiner Ochsenbrater, 80331 München (Viktualienmarkt); geöffnet Di–Fr 8:30–19 Uhr, Sa 8:30–18 Uhr (Bio-Fleisch).

Ochs am Spieß: Ein ganzer Ochs wird am Drehspieß über Holzkohle gegrillt und in 400–600 Portionen geteilt. – Schlossbräukeller, Au in der Hallertau (siehe Seite 34). – Am 1. Mai und dann sonntags einmal im

*Münchner Voressen
mit Semmelknödeln
im Weißen Brauhaus*

*Vollwertplatte mit Gemüse-
Kartoffelplätzchen,
Spinatknödel und
mexikanischen Maislaiberl*

Monat (bei schönem Wetter): Gasthaus Baiernrain, 83623 Dietramszell-Baiernrain, Lehrer-Vogl-Weg 1, Tel.: 08027/91 93; www.gasthausbaiernrain.de. – Auf dem Oktoberfest: Ochsenbraterei (Haberl OHG, 80538 München, Englischer Garten 3, Tel.: 089/38 38 73-12), Zelt in der Wirtsbudenstraße, Tel.: 089/51 11 58-0; www.ochsenbraterei.de; geöffnet während des Oktoberfestes täglich 10–23:30 Uhr.

Ofenschlupfer: Entrindete Weißbrotscheiben, bestreut mit Rosinen und Mandelblättchen, getränkt mit gesüßtem, geschlagenem Ei, im Ofen gebacken. – Der Obere Wirt zum Queri, Andechs-Frieding (siehe Seite 45).

P

Presssack: Kochwurst aus Schweinefleisch und Schweineschwarte; nach Erkalten in Scheiben geschnitten und mit Essig, Öl und Zwiebelringen garniert. Typischer Bestandteil einer bayerischen Brotzeit. In Gasthäusern mit Metzgerei immer zu empfehlen.

Prinzregententorte: Torte aus mindestens sechs dünnen Biskuit- (oder Rührteig-)Böden und Schokoladenbuttercreme mit Schokoladenguss; vermutlich von Heinrich Georg Erbshäuser anlässlich des 90. Geburtstages von Prinzregent Luitpold kreiert. – Konditorei Café Erbshäuser, 80333 München, Glückstraße 1, Tel.: 089/28 44 29; www.erbshaeuser.com; geöffnet Mo–Fr 7:30–18 Uhr, Sa 11–18 Uhr, So 11–17 Uhr.

R

Radi (Rettich): In Spiralen geschnitten, gesalzen (der Radi muss »weinen«), mit einer Brezn serviert – beliebte schnelle Brotzeit zur Maß im Biergarten.

Regensburger: Brühwurst aus feinem oder grobem Fleischbrät mit kleinen Schweinefleischwürfeln, über Buchenholz geräuchert; Grundlage des bayerischen Wurstsalats: hierfür wird die Wurst in dünne Scheiben geschnitten und mit Essig, Öl, Gewürzgurkenwürfeln und Zwiebelringen angemacht. – In Gasthäusern mit Metzgerei immer zu empfehlen.

Reh: Das vorzüglichste Wildbret; zubereitet werden besonders Rücken und Keulen. – Gasthaus Jägerwirt, Bad Tölz-Kirchbichl (siehe Seite 62). – Mai–August Fleisch von eigener Jagd: Gasthaus Weißenbeck, Unterbachern bei Dachau (siehe Seite 44).

Reiberdatschi: Nichts anderes als ein Kartoffelpuffer oder Reibekuchen. – Gasthof Jägerwirt, Egling-Aufhofen (siehe Seite 56).

Renke (Felche, Maräne): Meist in tiefen sauerstoffreichen Seen leben-

der Forellenfisch; festes, helles, wohlschmeckendes Fleisch. – Fisch-
hütte Reiter, Osternach (siehe Seite 76).

Rohrnudel (Buchtel): Meist mit einer ganzen frischen Zwetschge oder
Rosinen gefüllter, im Ofen gebackener Hefeknödel, mit Puder bestäubt und/oder mit Vanillesoße serviert. – Cafe Frischhut, München
(siehe Seite 92). – Gasthaus Waller, Oberaudorf-Reisach (s. Seite 74).

S

Sauerbraten: Rindfleisch, das 2–3 Tage vor dem Braten sauer mariniert
wurde; üblicherweise mit Semmelknödeln und Apfelblaukraut serviert. – Der Obere Wirt zum Queri, Andechs-Frieding (s. Seite 45).

Sauerkraut: Fein gehobeltes, mit Salz eingestampftes, durch Milch-
säuregärung konserviertes Weißkraut; meist gekocht als Beilage serviert (siehe Schlachtschüssel).

Saure Lunge (Saures Lüngerl, Beuscherl): In süßsaurem Gemüsesud
gegarte Kalbslunge, fein geschnitten, mit dunkler Bratensoße und
Semmelknödeln serviert. – Münchner Suppenküche (siehe Leberknödelsuppe).

Saure Nieren: Gebratene Scheiben oder Würfel von Schweinenieren
in säuerlich abgeschmeckter, dunkler Bratensoße. – Beim Sedlmayr,
München (siehe Seite 22).

Scheiterhaufen: Entrindete Semmelscheiben, getränkt mit gesüßter
Eiermilch, geschichtet mit grob geraspelten Äpfeln und Rosinen, im
Ofen gebacken; dazu Fruchtsoße. – Der Obere Wirt zum Queri,
Andechs-Frieding (siehe Seite 45).

Schinken: Schlemmermeyer, Wurst- und Schinkenfachgeschäft,
80331 München (Viktualienmarkt), Tel.: 089/29 55 75;
www.schlemmermeyer.de; geöffnet Mo–Do 9–18:30 Uhr, Fr 8:30–
19.00 Uhr, Sa 7:30–16 Uhr (November/Dezember bis 18.00 Uhr).

Schlachtschüssel (Schlachtplatte): Deftiges Gericht aus Kesselfleisch,
frischer Leber- und Blutwurst, Wammerl und Sauerkraut; besonders in
den kalten Monaten in Gasthäusern mit Metzgerei empfehlenswert.

Schmalznudel (Kirchweihnudel): Kleine Bällchen aus süßem Hefeteig, in Fett (Schmalz) schwimmend gebacken. – Café Frischhut
(siehe Seite 92).

Schweinsbraten (Schweinebraten): Braten von Schweineschulter
(mit Schwarte) oder -nacken; üblicherweise mit Knödeln und Sauerkraut serviert. – Gasthof Bogenrieder, Pörnbach (siehe Seite 71). –
Kandlerwirt, Oberbiberg (siehe Seite 71).– Gasthaus Weißenbeck,
Unterbachern b. Dachau (s. Seite 44).

Schweinshaxe (siehe Haxe): Haxnbauer, München (siehe Seite 20). –

*Mehlspeise: Rohrnudel
mit Vanillesoße im Gasthaus
Waller in Reisach*

Gasthaus Jägerwirt, Bad Tölz-Kirchbichl (siehe Seite 62). – Kloster-brauerei Andechs (siehe Seite 88).

Schwemme: Der Bereich einer Schankwirtschaft, in dem besonders große Mengen Bier ausgeschenkt werden; meist der größte Saal der Wirtschaft, häufig das Kellergewölbe, mit relativ einfacher Innen-einrichtung.

Semmel: Bayerisch für Brötchen, Schrippe, Rundstück.

Spanferkel: Junges Hausschwein, das noch gesäugt wird (Span von mittelhochdeutsch *spen* = Zitze), wird im Alter von etwa 6 Wochen geschlachtet.

Spargel: Junge Triebe der Spargelpflanze; in Bayern wird weißer Spargel als Delikatesse bevorzugt, dessen Triebe vor Sonnenlicht geschützt wurden; Ernte Mai–Juni. – Gasthof Bogenrieder, Pörnbach (siehe Seite 33). – Tafernwirtschaft Hörger, Kranzberg (siehe Seite 40).

Steckerlfisch: An einem gewässerten Holzstock über Holzkohleglut gegrillter heimischer Fisch (beispielsweise Renke, Saibling). – Fisch-hütte Reiter, Prien-Osternach (siehe Seite 76).

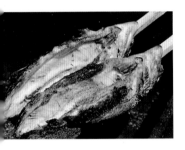

Gegrillte Seeforellen in der Fischhütte am Chiemsee

Strudel: Süß oder herzhaft gefüllte Rolle aus hauchdünn gezogenem Strudelteig (ersatzweise Blätterteig), der gebacken oder gekocht wird; am bekanntesten ist der Apfelstrudel (siehe dort). – Wirtschaft zum Häring, Tutzing (siehe Seite 46). – Café Strudel-Michel, 83339 Chieming, Irmengardstraße 4, Tel.: 08664/98 59 56; www.strudel-michel.de; geöffnet Fr–So 14–20 Uhr.

T

Tafernwirtschaft (Tavernwirtschaft): Aus dem Lateinischen (taberna = Hütte, Laden, Gasthaus) stammende Bezeichnungen für ein Gasthaus.

Topfen: Bayerisch für Quark.

Topfenknödel: Kleine, in Salzwasser gekochte Knödel aus Quark, Butter, Grieß und Eischnee, in der Pfanne mit Semmelbrösel und (Zimt-)Zucker gewendet und mit Zwetschgenröster serviert. – Gast-hof Zellerwand (älteste Gaststube im Chiemgau), 83259 Schle-ching-Mettenham, Raitener Straße 46, Tel.: 08649/217; www.gast-hof-zellerwand.de; geöffnet Mai–Oktober Do–Mo 17–24 Uhr, Au-gust Mi–Mo 17–24 Uhr, Winter Do/Fr 16–24 Uhr, Sa 14–24 Uhr, So 11–24 Uhr.

Topfenstrudel: Strudel (siehe dort) mit Quarkfüllung. – Gschwandt-nerbauer, Garmisch-Partenkirchen-Gschwandt (siehe Seite 68).

V

Voressen: Kalbs- und Schweinelunge, Kutteln und Kalbsbries, süß-sauer zubereitet und mit Semmelknödeln serviert. – Weisses Bräuhaus (siehe Seite 21).

W

Wacholderfleisch: Fleisch vom Schweinehals, in Wacholdersud gegart und auf Weinkraut serviert. – Bräustüberl der Forschungsbrauerei, München (siehe Seite 30).

Wammerl: Geräucherter, durchwachsener Schweinebauch; wird gegrillt oder gekocht (siehe Schlachtschüssel).

Weißwurst: Brühwurst aus im Kutter zerkleinertem Kalbfleisch, Schweinerückenspeck und Gewürzen; serviert mit süßem Senf, Brezen (und Weißbier). – Gaststätte Großmarkthalle, München (siehe Seite 28).

Wiener Schnitzel: Dünnes, paniertes und gebratenes Schnitzel aus Kalbfleisch; Spezialität der Wiener Küche, auch in Bayern beliebt. – Andechser am Dom, München (siehe Seite 24).

Wild: Siehe Fasan, Hase, Reh.

Wildkräutergerichte: Je nach Saison unterschiedlich. – Gasthof und Tafernwirtschaft Pritzl, 830629 Weyarn-Thalham, Schlierseer Straße 6, Tel.: 08020/13 49; www.gasthof-pritzl.de; geöffnet 15.10.–14.06. Mo–Fr 10–14:30 und 17–23 Uhr; 15.06–14.10. Mo–Fr 10–23 Uhr, Sa/So/Fei 10–23 Uhr; Kräuterwanderung.

Wildschwein/Hausschwein-Kreuzung: Siehe Hauswildschwein.

Windbeutel: Faustgroßes, hohles Gebäck aus Brandteig, meist gefüllt mit Schlagsahne oder Vanillecreme. – »Windbeutelgräfin«, Ruhpolding (siehe Seite 63).

Wollwurst (Gschwollene, Nackerte): Weiße Wurst ohne Haut aus gegartem, mild gewürztem Kalbs- oder Schweinebrät; meist gebraten. – Gaststätte Großmarkthalle, München (siehe Seite 28). – Marktstüberl, München (siehe Seite 27).

Beerenknödel mit Butter und Zimtzucker im Gasthaus Waller in Reisach

Scheyrer Klosterlikör

Z

Zander: Raubfisch ruhiger Gewässer; beliebt wegen seines festen, grätenarmen und sehr schmackhaften Fleisches. – Fischerstüberl, Seehausen am Staffelsee (siehe Seite 50).

Ziegenmilcheis: Besonders für Neurodermitiker und Kuhmilchallergiker als sehr gesund geltendes Eis aus Ziegenmilch, Ziegenrahm, Eigelb und Zucker. – Goas-Alm, 82481 Mittenwald, Buckelwiesen 5, Tel.: 08823/25 73; www.goas-alm.de; geöffnet Juni–September Mo–So 10.30–17 Uhr, Di Ruhetag.

Zuagroaster: Wörtlich Zugereister; bayerisch für Fremder.

Zwetschgenröster: Halbfestes Zwetschgenkompott.

Gasthaus Weißenbeck,
Unterbachern bei Dachau

Die Gasthäuser,
Bauerncafés, Käsestuben,
Almen und Fischerstuben

1 Haxnbauer

600 Jahre Gastlichkeit neu definiert und trotzdem klassisch

■ **Adresse** Haxnbauer
im Scholastikahaus
Sparkassenstraße 8
80331 München
Tel.: 089/21 66 54-0
www.kuffler.de
■ **Öffnungszeiten**
Täglich von 11–24 Uhr
■ **Plätze** Restaurant 470,
Nebenräume 100/120/130
■ **Spezialitäten** Schweins-
und Kalbshax'n vom
Buchenholzgrill; 2009 mit
Gold prämierte Weißwurst
■ **Bier** Dinkelacker, Franzis-
kaner, Löwenbräu, Sann-
wald, Schwabenbräu
■ **Anfahrt** U-Bahn, S-Bahn,
Bus, Tram; mit dem
Auto nur bis Parkhaus
(z. B. Marienplatz, Pschorr
Hochgarage)
■ **Parkplätze** Keine

Tipp
Bei schönem Wetter
könnte man den Glocken-
turm vom Alten Peter, der
ältesten Kirche Münchens,
erklimmen. Von hier aus
hat man einen herrlichen
Blick auf die Stadt.

Alteingesessene Münchner und Gäste aus aller Welt treffen sich hier in Münchens Stadtmitte, um das zu genießen, was der Name schon verheißt: Hax'n. Mit krachender Kruste und saftig-zartem Fleisch.

Zwischen Dallmayr und Hofbräuhaus, im ehemaligen Haus der Scholastika, sieht man schon durch das Fenster die Hax'n brutzeln, die ohne Zweifel die besten in der Stadt sind. In der hauseigenen Metzgerei werden die rohen Hax'n erst durch Abflammen von den Haarborsten befreit, herzhaft gewürzt und für den Grill vorbereitet. Am nächsten Tag brutzeln sie dann zeitlich gestaffelt über Buchen-holzkohle. Die Kunst des Grillers besteht darin, möglichst nur so viele – aber auch nicht zu wenige – Hax'n zuzubereiten, wie benötigt werden. Denn in Wartestellung herumzuliegen schadet auch dem gutmütigsten Grillgut. Steckt er aber zu wenige Hax'n auf den Spieß, muss der Gast zu lange warten. Allerdings lieber ein bisschen warten und eine knackfrische Hax'n frisch vom Feuer genießen.

Die Gäste sitzen an großen Tischen unter historischen Stuckdecken, die bei der aufwendigen Renovierung 1996 freigelegt wurden. Mit ebenso viel Mühe und Beharrlichkeit gelang es der Betreiberfamilie Kuffler, den Haxnbauer wieder zu einem gepflegten Altmünchner Stadtlokal zu machen. Mit »Altmünchner« ist mehr das Ambiente gemeint als die Anzahl von Stammtischen, die es hier – glaube ich – nicht gibt. In dieser zentralen Lage halten sich Touristen besonders gerne auf, die sich dann freuen, ein echtes bayerisches Schmankerl in einer solchen Topqualität serviert zu bekommen. Zwar werden auch andere bayerische Traditionsgerichte angeboten, doch die typische Spezialität des Hauses sind zweifellos die am offenen Buchenholzfeuer gegrillten Schweins- und Kalbshax'n und Spanferkel vom Spieß.

Kalbshaxe mit Fahne im Haxnbauer

Weisses Bräuhaus

2

Sein Weißbier – ein Hürdenlauf bis zum Kultgetränk

»Ruckt's a weng zsam«, damit die Reise zurück in die Gründer-zeit losgehen kann. Dem Charme traditioneller Gastlichkeit und der Qualität der original Münchner Kronfleischküche kann diese Geschäftigkeit aber nicht schaden.

Das Weisse Bräuhaus kann auf eine bewegte Geschichte zurückblicken. Bereits seit 1540 wurde hier erfolgreich obergäriges Bier gebraut und ausgeschenkt. Als Mitte des 19. Jahrhunderts der Siegeszug des untergärigen »Braunbie-

res« nicht mehr aufzuhalten war, hielt Georg Schneider ihm die Treue und manövrierte die Brauerei durch alle Wirtschaftskrisen und Weltkriege bis in die Jetztzeit. Nach 1945 drohte das Aus, denn Braustätte und die meisten Gaststätten in München waren zerstört. Auch jetzt hielt Familie Schneider ihr die Treue, verlegte die Brauerei nach Kehlheim und baute auch das Weisse Bräuhaus im Tal wieder auf. Das Weißbier erlebte eine Renaissance und die Schneider Weiße wurde sogar regelrecht zum Kultgetränk.

Diese Geschichte schlägt sich heute auch auf der Speisekarte nieder: Hier wird noch die Altmünchner »Kronfleischküche« gepflegt. Es gibt Kronfleisch (siehe Seite 12) ebenso wie das sogenannte Münchner Voressen. Dieses hatte einst die gleiche Bedeutung als zweites Frühstück, die heute der Weißwurst zukommt. Es besteht aus Kalbs- und Schweinelunge, Kutteln und Kalbsbries, die süß-sauer zubereitet und mit Semmelknödeln serviert werden. In jener Zeit, als man sich nicht mit einem einzigen Fleischgang zufrieden gab, wurde dieses Ragout als Vorspeise gereicht. Nach heutigem Geschmack kommt das Gericht wegen seines wenig ansprechenden Aussehens und Inhalts bei vielen nicht so gut an. Wer es aber mal probiert hat, kommt allein ihm zuliebe immer wieder ins Weisse Bräuhaus.

■ **Adresse**
Weisses Bräuhaus
Tal 7
80331 München
Tel.: 089/29 01 38-0
www.weisses-brauhaus.de
■ **Öffnungszeiten**
Täglich von 8–1 Uhr
(warme Küche 8–23 Uhr)
■ **Plätze**
Schwemme 840, 8 Nebenräume 15–90; im Sommer Stühle und Tische vorm Haus
■ **Spezialitäten** Altmünchner Kronfleischküche, Voressen
■ **Bier** Schneider Weisse Spezialitäten
■ **Anfahrt** U-Bahn, S-Bahn, Bus, Tram; mit dem Auto nur bis Parkhaus (z. B. Marienplatz)
■ **Parkplätze** Keine

Spontane Musikeinlage im Weissen Bräuhaus

Tipp
Die katholische Jesuitenkirche St. Michael in der Fußgängerzone (Neuhauser Str. 6) hat – nach dem Petersdom in Rom – das zweitgrößte frei tragende Tonnengewölbe der Welt. St. Michael ist Grablege des Hauses Wittelsbach. Hier ruht auch König Ludwig II.

3   Beim Sedlmayr

Unmodisch und deshalb ganz modern

■ **Adresse** Beim Sedlmayr
Westenriederstraße 14
80331 München
Tel.: 089/22 62 19
■ **Öffnungszeiten** Mo–Fr
9–23 Uhr, Sa 8–16 Uhr
(warme Küche Mo–Fr bis
21:30 Uhr, Sa bis 15:30 Uhr)
■ **Plätze** 120
■ **Spezialitäten** Saures
Kartoffelgmias, Beinfleisch,
kälberne Briesmilzwurst,
Apfelschmarrn
■ **Anfahrt** U-Bahn, S-Bahn,
Straßenbahn, Bus; mit dem
Auto nur bis Parkhaus (z. B.
Schranne)
■ **Parkplätze** Keine
■ **Sonstiges** Kleiner Bier-
garten

**Der Begriff »ur-ig« könnte hier erfunden worden sein:
Ur-gemütlich sitzt man an langen Holztischen, ur-typisch
zubereitet sind die bayerischen Schmankerl und ur-menschlich
ist das gesellige Beisammensein. Guad is!**

Um den Viktualienmarkt herum haben sich im Laufe der Zeit einige
Gasthäuser angesiedelt. Das Gasthaus Beim Sedlmayr ist eines der
letzten Bollwerke bayerischer Küche. Unbeirrt von kurzlebigen
Trends und anderen innerstädtischen Einflüssen zelebriert Rudi Färber Altmünchner Wirtshauskultur. Der gelernte Koch, Metzger und
Konditor nimmt keine Reservierungen an, die für ein bayerisches
Wirtshaus ein Unding wären, wie er meint. Allein der große runde
Tisch an der einsehbaren Küche ist den Stammgästen vorbehalten,
alle anderen Plätze stehen ankommenden Gästen zur Verfügung. Mittags brummt der Laden meistens, aber irgendwie bekommt man immer einen Platz. Man setzt sich dann an einem der langen Tische zu-

Das Beinfleisch; rechts:
Kalbsnierenbraten vom Milch-
kalb mit Semmelknödeln

sammen und kommt so auch mit dem Nachbarn ins Gespräch. Von 1981 bis 2000 betrieb Färber den nahe gelegenen Straubinger Hof. Der war damals beliebt bei Studenten, Geschäfts- und Marktleuten und Gästen, welche die Altmünchner Wirtshauskultur zu schätzen wussten. Als der Umbau der Schrannenhalle gegenüber dem Straubinger Hof begann und fast zeitgleich »der Sedlmayr« durch den tragischen Tod seines Namensgebers und Betreibers, des genialen Volksschauspielers Walter Sedlmayr, frei wurde, wechselte Färber in sein jetziges Lokal. Der einzige bedeutendere Unterschied zum Straubinger Hof: die vom Gastraum einsehbare größere Küche, die Sedlmayr

Gasthaus mit Durchblick

für Fernsehproduktionen einrichten ließ. Färber, echter Münchner und bekennender Fußballfan der »Sechzger«, blieb seinem Stil treu. Auch in seinem jetzigen Lokal kocht er die ganzen Schmankerln, die er noch aus seiner Kindheit kennt und die drohten, in Vergessenheit zu geraten. Kälberne Briesmilzwurst (siehe Seite 13), Innereien vom Rind und Kalb, Gesottenes vom Ochsen oder Apfelschmarrn nach Großmutters Art stehen auf seiner Speisekarte. Färbers Erfolgsgeheimnis basiert auf seinem handwerklichen Können und einem sicheren Gefühl für gute Qualität und angemesse-

nen Preis. Wenn er etwas nicht selber macht, wie die Weißwürste, dann kommen für ihn nur die Besten, wie etwa die von Ludwig Wallner, in Frage. Einer seiner Klassiker ist das Beinfleisch in der echten Fleischbrühe (nicht die aus Knochen) mit frisch geriebenem Meerrettich und einem Kartoffel-Gurken-Salat. Solche gutbürgerlich-münchnerischen Gerichte schmecken auch Eckart Witzigmann, Monika Gruber und »Otti« Otfried Fischer.

Gegenüber:
Die Gitti mit dem gegrillten
Kalbsherz, Röstkartoffeln und
Kartoffel-Gurkensalat

4 Andechser am Dom

Tradition und Moderne drinnen und draußen

■ **Adresse**
Andechser am Dom
Weinstraße 7a
80333 München
Tel.: 089/29 84 81
www.andechser-am-dom.de
■ **Öffnungszeiten** Täglich
von 10–24 Uhr (warme Kü-
che bis 22:30 Uhr; Terrasse
von 10–23 Uhr)
■ **Plätze** Erdgeschoss 70;
Nebenräume 30; Terrasse
70; Arkade (Stehtische) 40
■ **Spezialitäten**
Kalbfleischpflanzl, Wiener
Schnitzel, Gourmetteller
■ **Bier** Andechser Bier
■ **Anfahrt** U-Bahn, S-Bahn,
Bus, Tram; mit dem Auto
nur bis Parkhaus (z. B. Tief-
garage vor der Oper,
Pschorr Hochgarage)
■ **Parkplätze** Keine

**Holzvertäfelung wie in einer Klosterwirtschaft und Keller-
gewölbe, aber auch kecke Deckenfresken, dazu Schweinsbraten
und witzige Bistroküche – das sind Tradition und Moderne
gemütlich gepaart.**

Vor etwa 15 Jahren erfüllte sich Sepp Krätz den Wunsch, in der Innenstadt ein bayerisches Lokal zu eröffnen. Seine Waldwirtschaft vor
den Toren Münchens war damals ein absoluter In-Biergarten, aber
Sepp wollte gerne unabhängiger von Jahreszeiten und Wetter sein.
Und so war für ihn klar, dass er im Zentrum von München ein Wirtshaus nach seinen Vorstellungen gestalten wollte. Aber was heißt hier
Wirtshaus? Ein bayerisches Kleinod ist es geworden. Sein »Andechser
am Dom« ist seit dem Tag seiner Eröffnung vor etwa 14 Jahren bestens besucht – er läuft wie die Feuerwehr. Das kommt natürlich nicht
alles allein von der guten Lage. Dass der Sepp Andechser Bier aus-
schenkt, ist der eine Grund. Der andere ist die Einrichtung: die klös-
terlich anmutende Holzvertäfelung, die kleinen Engel an der frei hän-
genden Beleuchtungskonstruktion, die Deckengemälde, deren En-
gelsmotive, oberflächlich betrachtet, an Kirchenfresken erinnern
könnten. Für diese engagierte er den bekannten Wandmaler Rainer
Maria Latzke, einen Meister der Illusionsmalerei. Bei der Speisekarte
beriet ihn seinerzeit die Kochlegende Eckart Witzigmann, ein guter
Freund von ihm. Ein Allerweltsgericht wie Fleischpflanzl wird nach
Witzigmanns Rezept verfeinert zu einem ganz besonderen Schmankerl. »Wenn man was Gutes reintut, kommt was Gutes raus«,
schmunzelt der gastronomische Überflieger und verrät, was alles Gu-

Beliebtes Innenstadtlokal

tes drin ist: Das Fleisch ist von der Milchkalbsschulter, dazu kommt ein wenig frischer grüner Speck, Brot, Eier, viel frische Petersilie, Zwiebel, Majoran und ein wenig Spinat. Der besondere Clou: In den Fleischteig wird Andechser Fassbutter eingearbeitet, und in dieser Butter werden die Pflanzl dann auch gebraten. Außen knusprig, innen zart kommen sie dann mit ein wenig Bratensoße auf den Teller. Dazu Kartoffelsalat, auf keinen Fall zu kalt, lieber lauwarm, darauf Rucola. Das ist Sepps Spezialität, und die Leute mögen's. Das Namen gebende Kloster Andechs ist nicht nur mit seinen Klosterbieren präsent, von der Wand herab lächeln Ex-Abt Odilo Lechner und Papst Wojtyla als Pilger, aber auch viele Bilder von Prominenten und Ex-Regierungs-häuptern zieren die Wände. Mit guter Küche, angenehmer Atmo-sphäre und wunderbar verschiedenartigen Gästen hat es der Sepp Krätz geschafft, den »Andechser am Dom« zu einem der beliebtesten Innenstadtlokale zu machen. Wer es gemütlich mag, geht ganz früh oder nachmittags hin. Am Abend stürmt dann das bunte Völkchen herein, und die ebenso freundli-chen wie hübschen Bedienungen haben alle Hände voll zu tun. Da räumen sogar die Stammtischler das Feld.

Bayerisches Lokal mit Bistroküche

Kalbfleischpflanzl mit Paprikagemüse

> **Tipp**
>
> In der Nähe befinden sich so viele Sehenswürdigkei-ten und Museen, dass hier nur Platz für eine kleine Auswahl ist: Frauenkirche (Dom), Residenz, Neues Rathaus, Spielzeugmu-seum, Valentin Musäum.

5 Zum Franziskaner

Treffpunkt der Prominenten und dennoch erschwinglich

■ **Adresse**
Zum Franziskaner
Perusastraße 5
80333 München
Tel.: 089/23 18 12-0
www.zum-franziskaner.de
■ **Öffnungszeiten** Täglich
8–24 Uhr (warme Küche
11–23:30 Uhr)
■ **Plätze** Restaurant 650,
7 Nebenzimmer (Erdge-
schoss) 18–90, 4 Neben-
zimmer (Obergeschoss)
25–70; Biergarten im
Hof (»Hofgarten«) mit
Fußbodenheizung und
mobilem Dach
■ **Spezialitäten** Haus-
gemachter Leberkäs,
hausgemachter süßer Senf,
Weißwurst
■ **Bier** Franziskaner
■ **Anfahrt** U-Bahn, S-Bahn,
Straßenbahn, Bus; mit
dem Auto nur bis zur Park-
garage (z. B. Tiefgarage vor
der Oper)
■ **Parkplätze** Keine
■ **Sonstiges** Bei schönem
Wetter Tische und Stühle
vor dem Gasthaus

Tipp

Fast direkt gegenüber liegen Oper und Residenz mit
Residenzmuseum, Schatz-
kammer, Cuvilliés-Theater,
Allerheiligen-Hofkirche
und Residenzhöfen. Daran
anschließend lädt der Hofgarten zu einem Spazier-
gang ein.

Seit dem Jahr 1363 werden an dieser Stelle Gäste bewirtet. Auch heute ist die Beliebtheit des Hauses ungebrochen – obwohl oder vielleicht weil Tradition hier nicht überholt ist. Sondern nur ihr Gesicht aufgefrischt hat.

Hochburg bayerischer Wirtshauskultur

Es ist schnell erzählt, was das Geheimnis des Franziskaner-Leberkäses ist, aber er ist nicht schnell gemacht. »Das Zauber-wort ist Frische«, erläutert Edi Reinbold, der Wirt von Mün-chens vielleicht traditions-reichster Gaststätte, die schon hier stand, bevor Kolumbus überhaupt Amerika entdeckt hatte. »Es fängt damit an, dass täglich frisch gearbeitet wird. Wir haben auch schon mal versucht, das Brät für den Leberkäs am Vortag herzustellen, damit unsere Metzger nicht so früh aufstehen müssen, aber damit haben wir schnell wieder aufge-hört. Die Zeiten, als der Leberkäs abends nach dem Aufräumen der Metzgerei aus den Fleischresten gemacht wurde, sind längst vorbei. Heute müssen alle Zutaten frisch und von bester Qualität sein. Rind-fleisch, Schweinefleisch, Speck, Schweinenacken, Gewürze und zer-stoßenes Eis – mehr kommt nicht hinein. Im Prinzip das Gleiche wie bei den meisten anderen Metzgern auch.« Und doch ist das Ergebnis ein Besonderes. »Wir nehmen wohl mehr Eis beim Kuttern (Zerklei-nern) des Bräts«, erklärt Reinbold. »Das macht die Masse zarter, aber auch viel empfindlicher. Vielleicht noch wichtiger ist, dass bei uns je-der gebackene Laib gleich verkauft ist.« Neben dem Leberkäs bietet die Franziskaner-Küche auch hausgemachte Weißwurst und eine gute Auswahl an gehobener bayerischer Küche im aufwendig renovierten Haus. Zu erwähnen wäre noch, dass die Bierpflege sehr gut ist. Und wer den Geldbeutel ein bisschen schonen möchte, setzt sich ins Post-Stüberl. Dort gibt es für 6,80 Euro ein täglich wechselndes günstiges Tagesgericht – vom vorderen, gesottenen Schweinshaxerl mit Sauer-kraut bis zur pikant angemachten geschnetzelten Leber.

Marktstüberl

6

Für Frühaufsteher und solche, die es werden wollen

Wer sich noch nie überlegt hat, wo Fleisch und Wurst in der Theke herkommen, sollte einmal im »Bauch von München« oder einfach frühmorgens im Marktstüberl vorbeischauen. Aber auch Verschlafenere werden hier auf ihre Kosten kommen.

Vom Wirtshaus im Schlachthof, von dessen Bühne die Kabarettreihe »Ottis Schlachthof« übertragen wird, ist das Marktstüberl nicht weit entfernt. Der Gassner Metzger- und Gastromarkt wirbt mit »Qualität aus eigener Produktion«. In erster Linie sind die Gassners – der Seniorchef hat das Geschäft kürzlich an seinen Sohn Andy übergeben – Großmetzger und beliefern Münchner Gasthäuser und Metzgereigeschäfte sowie Feinkostläden in ganz Deutschland. Ihr Marktstüberl ist quasi der öffentliche Bereich des Unternehmens. Jeder ist als Gast willkommen, aber die Hauptkundschaft sind die Leute, die am Schlachthof zu tun haben. Die ersten kommen bereits frühmorgens um 6 Uhr zum Frühstücken. Da sind die Weißwürste kesselfrisch und der Leberkäs frisch gebacken. Auch Wiener, Brühpolnische und Debreziner kommen direkt aus der Tagesproduktion auf den Teller. Wer so einen besonders frühen Frühschoppen mit Freunden plant, sollte unbedingt vorher vorbestellen, weil das Stüberl nur für 60 Leute Platz hat. Das preiswerte Essen und die gute Qualität haben sich längst herumgesprochen, und gegen Mittag findet man im Publikum Arbeiter genauso wie Anwälte, eben alle jene, die frische bayerische Gerichte zu schätzen wissen. Dann gibt es auch täglich wechselnd ein paar Hauptgerichte wie Schweinebraten oder Schnitzel und außerdem eines mit einem kleinen Getränk für weniger als 7 Euro. Der einzige Wermutstropfen: Um 14 Uhr ist Schluss.

Es ist nicht alles Wurst im Schlachthof.

■ **Adresse** Marktstüberl (Gassner Metzger- und Gastromarkt)
Zenettistraße 11
80337 München
Tel.: 089/74 61 41-0
www.metzgerei-gassner.de
■ **Öffnungszeiten** Mo–Fr 6–14 Uhr
■ **Plätze** 60
■ **Spezialitäten** Panierter Kalbskopf
■ **Bier** Augustiner
■ **Anfahrt** U-Bahn, Bus; Auto
■ **Parkplätze** Ja

Tipp

Man kann im Gastromarkt auch gleich noch einkaufen: Vom Wein bis zur sizilianischen Salsiccia findet man auch viele nichtbayerische Schmankerln.

7

Gaststätte Großmarkthalle

Am »Bauch« von München

- **Adresse** Gaststätte Großmarkthalle Kochelseestraße 13 81371 München-Sendling Tel.: 089/76 45 31 www.gaststätte-groß-markthalle.de
- **Öffnungszeiten** Mo–Fr 7–17 Uhr, Sa 7–14 Uhr, So/Fei geschlossen
- **Plätze** Gaststuben 300, im Freien 50
- **Spezialitäten** Weiß-wurst, gefüllte Kalbsbrust, Kalbsbratwurst
- **Anfahrt** U-Bahn (6 Min. Fußweg), Bus, Auto
- **Parkplätze** Ja

Kannengewölbe, Holzvertäfelung, Herrgottswinkel und alles, was Leib und Seele zusammenhält. Die vielen Stammgäste jeder Couleur wissen, warum sie kommen.

Mengen von Spezialitäten aus aller Welt stelle ich mir vor, wenn ich das Wort Großmarkthalle höre. Im »Bauch von München« werden täglich tatsächlich Waren aus 83 Ländern umgeschlagen. Sie versorgen die Stadt München und ihr Umland und werden auch weitertransportiert. An der westlichen Seite des Marktgeländes liegt am Ende einer Sackgasse die Gaststätte Großmarkthalle. Der wortfaule Bayer sagt einfach, »Wir geh'n zum Wallner.« Denn in dieser Urzelle Münchner Wirtshauskultur widmet sich Wirt und Metzgermeister Ludwig Wallner in zweiter Generation täglich der bayerischen Legende »Weißwurst«. Mit großem Erfolg – was nicht so selbstverständlich ist. In diesem Lande ranken sich um kein anderes Nahrungsmittel so viele Anekdoten wie um die Weißwurst. Der Münchner Schriftsteller und Mundartdichter Herbert Schneider widmete

Die Königin im Wurstrevier mit Weißbier und einer Laugenbreze.

ihr sogar eine Hymne: »Du Königin im Wurstrevier, du schön geschwungene Tellerzier, lass dir den weißen Hermelin von deinen zarten Schultern zieh'n.« All die anderen Weisheiten spare ich mir. Wer wissen will, wie die Traditionswurst schmecken soll, der muss hierher kommen. Das Geheimnis ist nicht nur das handwerkliche Können, auch die Verwendung bester Zutaten, wie zum Beispiel genügend mageres Kalbfleisch, lassen die »Königin im Wurstrevier« locker und flaumig werden. Dass die Würste richtig behandelt werden, darüber wacht nach alter Familiensitte Ludwig Wallners Schwester Gabi Walter. Sie gibt die empfindliche Rohware erst dann in das 70 Grad heiße Wasser, wenn der Gast sie bestellt hat, und lässt sie nicht schon vorher im Kessel schwimmen. Das kann dann schon eine Viertelstunde dauern, bis die kälbernen Brotzeitschmankerl mit süßem Senf und reschen Brezen auf den Tisch kommen. Wie man eine Weißwurst richtig verzehrt, ist ein nicht zu lösender Streitfall. Die meisten schneiden sie einmal quer in der Mitte durch, halbieren die beiden Stücke noch einmal der Länge nach und pellen dann eines der Stücke aus der Haut. Das andere bleibt noch in der Haut und dadurch länger warm. Aber eigentlich ist es »Wurst«, Hauptsache sie schmeckt. Ach ja, neben Würsten gibt es auch noch andere Schmankerl, die sehr empfehlenswert sind: die kälberne Briesmilzwurst und die gefüllte Kalbsbrust.

> **Tipp**
>
> Bayern wird auch als der nördlichste Teil Italiens bezeichnet. Daher nach dem Essen gleich um die Ecke am Gotzinger Platz beim Italiener »Bussoni« einen Espresso oder einen Grappa nehmen!

Münchner Traditionsgasthaus mit bayerischen Schmankerln

29

8 Bräustüberl der Forschungsbrauerei

St. Jakobus Blonder Bock und Pilsissimus – wahrlich einzigartig

■ **Adresse** Bräustüberl der Forschungsbrauerei Unterhachinger Straße 76 81737 München
Tel.: 089/670 11 69
www.forschungsbrauerei.de
■ **Öffnungszeiten** Di–Sa 11–23 Uhr, So/Fei 10–22 Uhr; geschlossen vom dritten Sonntag im Oktober bis zum ersten Freitag im März
■ **Plätze** Gasträume 250; Biergarten 250
■ **Spezialitäten** Obatzda, Hendl, Wacholderfleisch, Surhax'n
■ **Bier** Aus eigener Produktion: St. Jakobus Blonder Bock, Pilsissimus
■ **Anfahrt** S-Bahn, Bus; Auto
■ **Parkplätze** Ja
■ **Sonstiges** Zum Mitnehmen: Flaschenbier, Krüge, Träger, Fässchen, Zapfzeug

Neue Brauverfahren und (noch) bessere Biersorten – solche Träume kann man nur in Bayern haben. Gottfried Jakob machte ihn 1930 wahr und tat gut daran. Auch heute ist das Bier noch ein echter Geheimtipp.

Das Bräustüberl und die Forschungsbrauerei in München-Perlach sind zwar nicht so alt wie die bekannten Münchner Großbrauereien, doch dafür ist die »Forsche«, wie die Einheimischen sagen, immer noch ein reines Familienunternehmen. Der Brauingenieur Gottfried Jakob gründete 1930 in Altperlach im Osten von München eine private Forschungsbrauerei. Sein Ziel: die Entwicklung neuer Brauverfahren und noch besserer Biersorten. In vielen Schriften und Patenten gab er sein Wissen weiter. Schon damals wurde ein Ausschank eröffnet und das Publikum um sein fachkundiges Urteil gebeten. Mittlerweile führt in dritter Generation Diplombraumeister Stefan Jakob die Geschäfte. Wie schon bei seinem Vater Heinrich, der immer noch tatkräftig mithilft, ist jetzt die Gastronomie das Hauptgeschäft. Im Winter wird im eigenen Betrieb oder im Ausland an brauereitechnischen Aufgaben gearbeitet, und das Bräustüberl bleibt geschlossen. Es werden nur zwei Biersorten ausgeschenkt und auch nirgendwo anders angeboten: Anfang März kommt rechtzeitig zur

Starkbierzeit der blonde Bock, der St. Jakobus heißt und einst vom Gründer kreiert wurde, zum Ausschank. Er ist etwas trockener und nicht so klebrig wie so manch einer seiner dunklen Brüder. Die zweite Biersorte ist das Pilsissimus: »gut gehopft« wie ein Pils, aber mit dem Malzcharakter eines Münchner Exportbiers. Serviert werden die hausgebrauten Biere bis 16 Uhr im kühlenden Keferloher Halbliter-Steinkrug, hinterher nur noch im Masskrug. »Das gibt's nirgends besser«, wird vielversprechend in der Speisekarte für die nicht-flüssigen Spezialitäten geworben, und ich pflichte ihr bei. Da wären der Obatzde, der für mich zu den besten in ganz München gehört, oder das halbe Brathendl vom Grill, das zwar erst nach einer Stunde auf dem Tisch ist, aber die Wartezeit lohnt. Dann gibt es noch Tellerfleisch und Surhax'n mit Weinsauerkraut. Für mich gehört das Wacholderfleisch auch noch dazu. Kinderportionen findet man auf der Karte aber leider vergeblich. Auch hier stehen unterschiedlich große Gasträume, vom kleinen Stüberl bis zum Saal für 150 Personen, für die verschiedenartigsten Anlässe zur Verfügung. Und einen hübschen Biergarten gibt es auch. Glücklicherweise kann man die Forschungsbrauerei bequem mit den öffentlichen Verkehrsmitteln und wenigen Metern Fußweg erreichen.

Die Forschungsbrauerei ist ein Sommertraum – im Winter ist Ruh!

Tipp

Mit öffentlichen Verkehrsmitteln kommen und maximal zwei Mass von dem Starkbier trinken!

Gegenüber, links:
Der Obatzde ist ein Brotzeitklassiker.
Rechts: Die Bräustuben:
einfach gemütlich.

9 Gasthof zur Post

Urbayerisch trotz Liebe zu Sardinien

■ **Adresse** Gasthof zur Post
Salzburger Straße 1
83134 Prutting
Tel.: 08036/676
www.gasthof-zur-post-
prutting.de
■ **Öffnungszeiten**
Di–So 10–14 Uhr und
17:30–22.30 Uhr (warme
Küche 11:30–14 Uhr und
18–21 Uhr)
■ **Plätze** Gasträume 80;
Wirtsgarten 40
■ **Spezialitäten** Ochsen-
kotelett für zwei Personen,
altbayerische Briesmilzwurst
■ **Anfahrt** Auto
■ **Parkplätze** Ja
■ **Sonstiges** Metzgerei
nebenan

Frische und Qualität von Speisen sind heute oft Fremdwörter. Nicht so hier. Da zählen noch althergebrachte Wertmaßstäbe – bei bayerischen wie südlich angehauchten Gerichten.

Out of Rosenheim, also zwischen Rosenheim und Simssee, stieß ich auf ein Gasthaus, das – leider nur manchmal – ein ganz ausgefallenes Schmankerl auf der Speisekarte führt. Es ist der »Umdrade Bauernschwoaf« (umgedrehter Bauernschweif), eine altbayerisch zubereitete Briesmilzwurst, die nur noch in Gasthäusern mit Metzgerei angeboten wird, die im Haus auch noch selber schlachten und das Fleisch sofort weiterverarbeiten. Die Kreation ist das kleine Geheimnis von Seniorchef Franz Maier (83). Aber was reinkommt und wie sie zubereitet wir, verrät er doch: In eine Kälbermilz wird eine Tasche geschnitten und diese dann gefüllt mit Bries, Herz und Leber des Kalbs, ein wenig Kalbsbrät zur Bindung und klein gewürfeltem Gemüse. Das Ganze wird sorgfältig in ein Kalbsnetz gewickelt, sanft gebrüht, in Scheiben geschnitten und bei milder Hitze in Butter gebraten. Köstlich mit Kartoffelsalat als Vorspeise oder als »Magentratzerl« zwischendurch. Für die gehoben bayerisch und leicht italienisch angehauchte Küche sorgt seit 16 Jahren Küchenchef Sebastian Schmidmaier. Der bietet auch so Klassiker wie das Wiener Schnitzel, Schweinebraten mit Dunkelbiersoße oder Ochsenkotelett mit Salatgarnitur an. Gelegentlich gibt's für den Sardinien-Fan Maier auch ganz unbayerisch gebratenes Lammfilet mit Rucolapesto. Georg Maier und seine Schwester Gabriele, die für den Service zuständig ist, halten die Speisekarte mit etwa zehn Hauptgerichten, darunter auch fleischlose und Fischgerichte, sowie hausgemachten Süßspeisen überschaubar – der Qualität und Frische wegen.

Beliebte Einkehr mit Metzgerei

Gasthof Bogenrieder

Holzfeuer im Küchenherd und Spargel von nebenan

Man mische je einen Teil Gasthof, Metzgerei und Hotel mit einer Prise fundierter Ausbildung und lasse die Mischung in sechs Generationen Gastronomiewissen schmoren ...

Der Maibaum zeigt schon von Weitem den Weg zum stattlichen Gasthof Bogenrieder, der bereits in der sechsten Generation in Familienhand ist. Dass da die bayerische Küche gepflegt wird, ist Ehrensache. Martin Bogenrieder, der Gastwirt, erlernte das Kochhandwerk bei Fernsehkoch Andreas Geitl in München, schloss seine Lehre als Jahrgangsbester ab und bestand später die staatliche Prüfung zum Küchenmeister. Bei seiner Ausbildung lernte er nicht nur die Feinheiten einer guten Küche, sondern auch seine Frau Inge kennen. Die gebürtige Allgäuerin, gelernte Hotelfachfrau und Betriebswirtin, kümmert sich jetzt in erster Linie um die 16 Zimmer im angeschlossenen Hotel – und natürlich um die drei gemeinsamen Kinder.

In der Küche wird schon in aller Früh mit Holz aus dem eigenen Wald der große Ofen angefeuert. Es gibt nicht mehr viele, die sich diese Mühe machen. Dass nicht nur der Energiespargedanke dahinter steckt, erklärt Martin Bogenrieder schlicht damit, dass das Holzfeuer jeden Braten zu einem besonderen Genuss mit knuspriger Haut und saftigem Fleisch werden lässt. Daneben liefert die Küche so typisch bayerische Schmankerl wie etwa saures Lüngerl, gebackene Milzwurst oder Zwiebelrostbraten. Und: Man kann von der vom Bruder betriebenen Familienmetzgerei alles für den Genuss zu Hause mitnehmen. Neben all den Fleischspezialitäten ist die Gegend weithin wegen des qualitativ herausragenden Pörnbacher Spargels berühmt. Nur einen Steinwurf vom Gasthaus entfernt liegt eine der ältesten Brauereien Bayerns, die Graf Toerring Brauerei, die dem Gasthof das Bier liefert.

An einem ganz normalen Werktag sind die Tische in den holzgetäfelten Stuben immer gut besucht, an Sonn- und Feiertagen geht es jedoch meistens hoch her. In den Sommermonaten kann man dann im lauschigen Vierseithof Ruhe und Entspannung finden.

■ **Adresse**
Gasthof Bogenrieder
Ingolstädter Straße 19
85309 Pörnbach
Tel.: 08446/13 04
www.hotel-ami.de/gast-hof/bogenrieder
■ **Öffnungszeiten** Mi–Mo 11:30–14 Uhr und 17–21:30 Uhr
■ **Plätze** Gaststube 30, Nebenzimmer 45, Saal (Obergeschoss) 165; Biergarten 60
■ **Spezialitäten** Zwiebelrostbraten, Lüngerl, Milzwurst, Spargel (Mai, Juni)
■ **Anfahrt**
Bus, Auto
■ **Parkplätze** Ja
■ **Sonstiges** Hotel nebenan

Tipp
Eine der letzten naturnahen Flusslandschaften Bayerns erwartet den Wanderer und Radfahrer im Paar-Tal. Infotafeln bringen ihm auf dem Paartalwanderweg die märchenhafte Natur näher, lassen jeden Spaziergang zu einem Erlebnis werden und bieten Urlaubern Erholung.

Am Sonntag gibt es resche Braten aus der Raine.

11 Schlossbräukeller

400 Jahre Brautradition im hochherrschaftlichen Schloss

■ **Adresse**
Schlossbräukeller
Schlossbräugasse 2
84072 Au in der Hallertau
Tel.: 08752/98 22
www.schlossbraeukeller.de
■ **Öffnungszeiten** Di–Do
17–24 Uhr, Fr–So 10–24
Uhr (im Sommer bei schö-
nem Wetter ab 12 Uhr)
■ **Plätze** Gewölbekeller
140; Biergarten
■ **Spezialitäten** Ochsenfetzen mit Semmelknödel
■ **Bier** Schlossbrauerei
Au-Hallertau
■ **Anfahrt** Auto
■ **Parkplätze** Ja
■ **Sonstiges** Sonderveran-
staltungen, z. B. Rittermahl
mit ausgewählten Speisen,
in authentischer Kleidung
serviert, Schlachtfest, Weiß-
wurstfrühstück mit original
bayerischer Blasmusik, Jazz-
brunch

Gemütliche Kellergewölbe, mächtige Kastanien im Biergarten und das Alte Sudhaus mit Originalsudkesseln und der größten Emaille-Brauereischildersammlung der Welt. Dazu ein junges, motiviertes Team und viele Ideen für ausgefallene »Events« – auf nach Au!

»Die Kraft der Holledau ist das Bier von Au.« Diese Tafel im Schlossbräukeller beweist Selbstbewusstsein. Hier im Herzen des Hopfenlandes dreht sich alles ums Bier. Wie sollte es anders sein, mitten im größten zusammenhängenden Hopfenanbaugebiet der Welt?

Seit 1846 sind hier Brauerei, Hopfengärten und Schloss im Besitz der Freiherren Beck von Peccoz. Sie haben aus der Brauerei einen Vorzeigebetrieb gemacht mit modernster Technik im vor zehn Jahren komplett neu gebauten Sudhaus. Auch haben sie es verstanden, sich aus dem mörderischen Preiskampf herauszuhalten, den sich die bayerischen Brauereien seit den 1970er Jahren liefern. Mit ihrer Qualitätspolitik und dem langsamen, aber stetigen Wachstum gelang es ihnen, ihrem Haus die Eigenständigkeit zu bewahren, die es heute auszeichnet.

Mit dem Schlossbräukeller besitzen sie ein attraktives Aushängeschild. Die ehemalige Malztenne der Brauerei ist mit echten Solnhofener Platten ausgelegt, die Gäste sitzen unter dem historischen Gewölbe an langen Holztischen. Bei gutem Wetter lockt der schöne

Biergarten mit Schlossblick

34

Wirtsgarten mit den jahrhundertealten Kastanien der früheren Auffahrtsallee des Schlosses. Obwohl die Brauerei mehrere Biersorten herstellt, ist für mich das unfiltrierte helle Kellerbier eines der besten, die ich kenne. Das Bier kommt direkt aus dem Lagertank und ist an Frische kaum zu übertreffen. Vor allem die natürlich gebundene Kohlensäure, die dem Gerstensaft bleibt, wenn er ohne größere Umwege ins Glas kommt, macht es zu einem echten Hochgenuss. Das Geschäftsstandem, Claus Soller und Stefanie Bulling, sorgt für das leibliche Wohl der Gäste. Claus Soller ist gelernter Koch und steht im Sommer meistens am Grill, um seine Spareribs, Entrecotes oder die Halsgratkoteletts möglichst frisch an den Gast zu bringen. »Damit das Angebot nicht eintönig wird, sorgen wir mit unserer wöchentlich geänderten Speisekarte für Abwechslung«, sagt Claus Soller. »Ein absoluter Renner sind unsere ›Ochsenfetzen‹, die in ›Großmutters Reindl‹ serviert werden.«

Für den süßen Gaumen des Gastes ist Frau Soller zuständig. Als gelernte Konditorin kreiert sie hauptsächlich köstliche Kuchen und Desserts.

Gemütliche Runde
im Schatten der Kastanien

Tipp

Für Gruppen, die es etwas deftiger mögen, wird auf Bestellung auch ein Ritteressen bereitet, bei dem in den historischen Kellergewölben zu Musik Hendl und Hax'n mit den bloßen Händen gegessen werden. An Pfingsten gibt es ein Weißbierfest und am Sonntagmittag wird ein Ochs am Spieß gegrillt!

12 Oberwirt

Ein Jungwirt voller Zuversicht und Tatendrang

■ **Adresse** Oberwirt
Landgasthof Metzgerei
Benedikt Schuhbauer
Sternstraße 20
85414 Kirchdorf
Tel.: 08166/73 66
www.oberwirt-
kirchdorf.com
■ **Öffnungszeiten**
Mi–Mo 9–24 Uhr (warme
Küche 11:30–14 Uhr und
18–21 Uhr)
■ **Plätze** Gastzimmer 60,
Nebenräume 25/70, Fest-
saal 180; Biergarten 120
■ **Spezialitäten** Kron-
fleisch in Backpflaumen-
soße, Chili-Weißkraut
■ **Bier** Urbanus, Hof-
brauhaus Freising, Weihen-
stephan
■ **Anfahrt** Auto
■ **Parkplätze** Ja
■ **Sonstiges** Partyservice

Ochsenbackerl
auf ganz feine Art

Wegen besonderer Verdienste zum Erhalt und zur Förderung der bayerischen Wirtshaustradition ausgezeichnet zu werden, kann belastend und anspornend wirken. In jedem Fall weckt die Auszeichnung Neugier. Und das mit Recht.

Das nördliche Hinterland von Freising ist zwar keine typische Ur-laubsregion, aber wenn im Sommer die Hopfengärten elegant in die Höhe wachsen und die Hügel in sattes Grün tauchen, ist das Gebiet ganz bestimmt eine schöne Ausflugsalternative zu dem überlaufenen Süden von München.

Beim Oberwirt in Kirchdorf an der Amper hat sich gerade ein Gene-rationswechsel vollzogen. Nach 120 Jahren in Familienbesitz über-nimmt in der dritten Generation der 27-jährige Benedikt Schuh-bauer das Küchenszepter. Obwohl der Oberwirt, geführt von den El-tern, eine beliebte Adresse war, wird durch den Jungen Chef frischer Wind durch die holzgetäfelten Stuben wehen. Nach einer Topausbil-dung in der Schweiz, in London und zuletzt bei Käfer in München ist Benedikt III. in sein Elternhaus zurückgekehrt, um – unterstützt von seinen Schwestern Silvia und Claudia Schuhbauer – nach seinem eigenen Küchencredo den Landgasthof zu führen. Keine Angst, das Küchenkonzept bleibt bayerisch. Obwohl er auf seiner Wanderschaft viel Neues kennengelernt hat, weiß er, dass allein die Frische der Zu-taten und die Qualität ausschlaggebend sind für eine gute Küche.

Tipp
Im etwa 13 Kilometer ent-fernten Freising sind auf je-den Fall der romanische Dom St. Maria und St. Kor-binian auf dem Domberg einen Besuch wert.

Wenn auch vieles beim Alten geblieben ist, so hat er doch so seine eigenen Ideen und Vorstellungen mitgebracht, wie man aus der Speisekarte ersehen kann, die jeden Tag neu geschrieben wird. Jede Küche braucht eine Weiterentwicklung, aber wie eh und je gibt es hier die bayerischen Küchenklassiker wie Schweinebraten, Tellersülze oder Wild aus der eigenen Jagd. Und immer mittwochs, wenn geschlachtet wurde, gibt es eine Spezialität von ihm: das Kronfleisch in

Die alte Stube
für die Einheimischen

Backpflaumensoße. Der Familienbetrieb sorgt außerdem mit eigenen Galloway-Rindern und Tieren von Bauern aus der Gegend für kurze Transportwege und Transparenz in Sachen Qualität. Und an warmen Tagen kann man auf der Rückseite des stattlichen Anwesens im netten Wirtsgarten seinen Gedanken nachhängen.

Eine Stube wurde erst kürzlich renoviert und so eingerichtet, wie es viele von zu Hause gewohnt sind: In der alten holzgetäfelten Stube sitzen Stammtischbrüder und Schützen mit den anderen Gästen vereint zusammen.

Dorfwirtschaft mit Metzgerei

13

Gasthaus Ostermeier

Hopfenspargel und schwarze Nüsse

■ **Adresse**
Gasthaus Ostermeier
Dorfstraße 8
85395 Attenkirchen-
Gütlsdorf
Tel.: 08168/243
www.gasthaus-oster-
meier.de
■ **Öffnungszeiten**
Do–Di 9–24 Uhr (warme
Küche abends 18–21 Uhr,
So auch 11:30–14:30),
sonst Brotzeit
■ **Plätze** Gaststube 48,
Nebenzimmer 42, Saal 220,
Stad'l 250; Biergarten
■ **Spezialitäten** Hopfen-
spargel, gefüllter Schweine-
bauch, schwarze Nüsse
(Nachtisch)
■ **Anfahrt** Auto
■ **Parkplätze** Ja
■ **Sonstiges** Gourmet-
Abende, Weinfest, eigenes
Hotel

Vom Industrie-Elektroniker zum Koch. Genau die richtige Entscheidung, meinen die Gäste und bestellen eine Portion von dem, was früher ein Arme-Leute-Essen war und nur in der Hallertau angeboten wird.

Die »Jungen Wilden« der Gasthausszene gibt es nicht nur in der Stadt, auch in den ländlichen Gegenden begeistern sie die Gäste mit alten Rezepten und neuen kulinarischen Ideen. Einer davon ist Josef Ostermeier. Vor drei Jahren übernahm der 29-Jährige im 100-Seelen-Dorf Gütlsdorf an der deutschen Hopfenstraße die Dorfwirtschaft

Hinter dem Wirtshaus wachsen die frischen Kräuter.

seiner Eltern, die seit 1864 als Familienbetrieb geführt wurde. Nach seiner Lehre arbeitete der Jungkoch noch drei Jahre in München, unter anderem bei Sterne-Koch Karl Ederer. Bei einer Catering-Firma am Münchner Flughafen, wo er für die First-Class-Kunden zuständig war, sammelte Ostermeier noch internationale Erfahrung, beispielsweise mit Küchenstars wie Johann Lafer. Mit Hilfe der Familie, die nach wie vor tatkräftig mitarbeitet, hat er die einstige Bierwirtschaft verändert. Zwar treffen sich die Einheimischen immer noch gerne in der gemütlichen Gaststube zum Frühschoppen, Kartenspielen oder zur deftigen Brotzeit, aber immer öfter finden sich in der Dorfstraße 8 auch Feinschmecker ein, die Josef Ostermeiers Küche zu schätzen wissen. »Meine Philosophie ist, den Gästen bodenständige Küche mit frischen Produkten und verfeinert anzubieten«, sagt er. »Als Koch lernt man nie aus, und in der eigenen Küche kann man sich vielseitig entfalten, man muss sich nur trauen.« Großen Wert legt man im Gasthaus Ostermeier darauf, dass alle Produkte auch jahreszeitengemäß verarbeitet werden. So bietet der junge Wirt im Frühjahr

Seltene Speisen: Hopfenspargel (oben) und schwarze Nüsse (unten)

auch Hopfenspargel an. Das »grüne Gold« der Hallertau, ehemals ein Arme-Leute-Essen und heutzutage eine teure Delikatesse, bereitet er in den verschiedensten Variationen zu. Besonders lieben die Gäste den gefüllten Schweinebauch mit Semmelknödeln und Wurzelgemüse. Sonntags kommen allerlei Braten von Kalb und Rind auf den Tisch, wobei als besonderes Highlight die Bisonlende mit mediterranem Gemüse und Kartoffeln gilt. Selbstverständlich stammen alle Fleischprodukte aus heimischer Haltung, und die frischen Kräuter, mit denen die knackigen Salate und schmackhaften Speisen gewürzt werden, liefert der große Garten hinter dem Haus, den Mama Annemarie betreut. Zu Wildgerichten sowie zum Dessert wird eine altbayerische Delikatesse gereicht: »schwarze Nüsse« vom eigenen Walnussbaum hinter dem Biergarten. Auch die traditionellen Kesselfleischessen im Gasthaus werden immer beliebter. Fanden sich dazu anfangs nur wenige Gäste ein, wird jetzt schon der große Saal geöffnet, in dem sonst nur für geschlossene Veranstaltungen aufgedeckt wird.

Tipp

Mit der S-Bahn nach Freising, dann mit dem Fahrrad an der ausgeschilderten Route neben der deutschen Hopfenstraße bis nach Gütlsdorf (16 km).

14 Tafernwirtschaft Hörger

Ideenreiche Bio-Küche unter Apfelbäumen

■ **Adresse** Tafernwirtschaft
Andreas Hörger
Hohenbercha 38
85402 Kranzberg
Tel.: 08166/99 09 80
www.hoerger-biohotel.de
■ **Öffnungszeiten**
Mo–So 7–24 Uhr (warme
Küche 11:30–22 Uhr)
■ **Plätze** Gaststube 50,
Nebenzimmer 30, Saal 220
■ **Spezialitäten** Gebacke-
ner Kalbskopf, Ochsen-
hax'n, Rehrücken in
Wacholderrahm
■ **Bier** Hofbrauhaus Frei-
sing (auch Bio-Bier)
■ **Anfahrt** Auto
■ **Parkplätze** Ja
■ **Sonstiges** Naturspiel-
platz mit Bienennistkästen,
Sandplätzen, Hüpfpalisa-
den und einem Wasserlauf

Ein warmer Sommertag unter Apfelbäumen, ein herrlicher Blick über die Hügel, die Kinder beschäftigt mit Wasser und Sand. Oder ein Abend in der alten Gaststube von 1832 mit Kachelofen. Beide Male mit unvergesslichen Gaumenfreuden ...

Hier in Hohenbercha hält man zusammen. Mit einem Bürgerent-scheid sorgten die Dorfbewohner sogar dafür, dass vor ein paar Jah-ren die Straßennamen abgeschafft und die Häuser durchnummeriert wurden. So blieb der Ortsname postalisch erhalten und wurde nicht dem Gemeindenamen untergeordnet, wie zum Beispiel bei der Ta-fernwirtschaft, deren Adresse nun Hohenbercha 38, 85402 Kranz-berg, lautet.

Große Verbundenheit mit seinem Ort und der Region zeigt auch Wirt Andreas Hörger: »Leben mit dem Lande« steht über seiner täg-lich neuen Speisekarte. Bei allen Gerichten erfährt man, wer das Fleisch geliefert hat, wer das Wildbret, der Name des Spargelbauern wird genannt oder woher der Süßwasserfisch stammt. Und wenn möglich, bezieht Hörger die Produkte direkt von Bio-Betrieben. An-dreas Hörger, in der vierten Generation Wirt, ist zwar hier im Am-pertal fest verwurzelt, blickte aber immer schon über den Tellerrand hinaus. So arbeitete er über ein Jahr im hoch gelobten Münchner Königshof, übrigens wie sein Bruder Klaus, der in Hohenbercha als Küchenchef fungiert.

Die Küche bietet die ganze Breite bayerischer Spezialitäten, vom Schweinebraten bis zum gebackenen Kalbskopf, vom Rehrücken in

*Die Ochsenhaxen
gibt's nur selten.*

Wacholdersauce bis zum gebratenen Zander. Er probiert auch immer gerne mal was Neues aus. Beispielsweise schmort er einen Ochsenhax'n bei Niedertemperatur für 80 Stunden und serviert ihn dann mit Semmelknödeln und Wirsing. Flexibel sind sie hier auch mit den Portionen. So kann man fast alle Gerichte als kleine Portionen zu Dreiviertel des vollen Preises bestellen – oder »verkehrt«, das heißt, beispielsweise eine halbe Portion Fleisch mit einer doppelten Portion Beilagen.

Die Gäste nehmen das alles freudig an. Gäste sind hier überhaupt Könige. An der Westseite können Eltern unter Bäumen an einem herrlichen Biotop sitzen, während ihre Kinder auf einem richtig tollen Spielplatz toben. Von der Terrasse – auch hier sitzt man unter Bäumen (oder Schirmen) kann man übers hügelige Land schauen. Schön sitzt man auch in den verschiedenen Stuben, Platz ist genug vorhanden. Ein besonderes Faible haben die Hörgers für Südtiroler Käse und Wein. Bezogen natürlich nur von handwerklich arbeitenden Familienbetrieben!

Ein Wirtshaus mit viel Herz für jung und alt.

Tipp

Radeln und Wandern im außerordentlich schönen Landschaftsschutzgebiet »Ampertal« mit seinen schützenswerten Tier- und Pflanzenarten ist das ganze Jahr über möglich.

41

15 Schlosswirtschaft Mariabrunn

Modern-bayerisch und mediterran

■ **Adresse** Schlosswirt-
schaft Mariabrunn
Mariabrunn 3
85244 Röhrmoos
Tel.: 08139/86 61
www.schlosswirtschaft-
mariabrunn.de
■ **Öffnungszeiten**
Mi–Fr 17–24 Uhr, Sa/So/Fei
11–24 Uhr; Biergarten bei
schönem Wetter ab 12 Uhr
■ **Plätze** Stube 25, Nebenzimmer 22/68, Terrasse 50;
Biergarten 800
■ **Spezialitäten** Rehgulasch, Zander
■ **Anfahrt** S-Bahn (mit
3/4 Stunde Gehzeit); Auto
■ **Parkplätze** Ja

Wundersame Ereignisse an einer Quelle, eine noch heute liebevoll gepflegte Wallfahrtskapelle, ein Heilbad, in dem auch Kaiserin »Sisi« Erleichterung suchte. Heute ist das Schlossgut eine Gaststätte mit beliebtem Biergarten. Ein Wunder?

Mariabrunn, wohl einer der schönsten Biergärten Bayerns, hat eine lange Geschichte – und die beginnt mit Wasser. Wir schreiben das Jahr 1662. Der Ampermochinger Landmann Georg Schlairböck machte im sogenannten Gerichtsschlag Holz. Durstig, wie er war, trank er aus der Quelle. Und siehe da, sein Bruch, an dem er jahrelang gelitten hatte, besserte sich, was er später sogar an Eidesstatt versicherte. Die Quelle wurde in Holz gefasst, und schon bald wurden dem Wasser positive Wirkungen bei Kopfschmerzen, Nieren-, Blasen- und sogar Geschlechtskrankheiten nachgesagt. Als Amalie Hohenester das Anwesen 1862 erwarb, nahmen die Heilungen schlagartig zu. Die »Doktorbäuerin« kurierte einen Baron von Rothschild

Die Biopute ist pikant.

und die Kaiserin Sisi – mit brutalen Kaltwasserduschen und strenger Nulldiät. Obwohl »Mali« Hohenester im Lauf der Zeit als Kurpfuscherin abgestempelt wurde, war Mariabrunn ein Wallfahrtsort geworden. Heute kommen die Leute wegen des schönen Biergartens und der guten Gastronomie ins Ampertal. Die Holztische stehen in einem lichten Mischwald mit alten Kastanien, der sich sanft zu einem Hügel erhebt.

Die Wallfahrtskapelle

Einen Besuch wert ist aber auch die Gastwirtschaft, die seit zehn Jahren in Partnerschaft von Bernhard Ottel und seiner Frau mit Simon Radlmayr, dem Küchenchef, betrieben wird. In dem mediterran angehauchten, geschmackvollen Ambiente mit Gewölbe und Kachelofen werden moderne bayerische Gerichte serviert. Vom Schweinebraten oder Rehgulasch in Ginrahm mit Spätzle und Salat bis zum geschmorten Lamm oder Zander mit Blattspinat kommt alles frisch aus der Küche.

Nachdem ich ein Fan von Geflügelgerichten bin, hat mir ganz besonders gefallen, dass ein befreundeter Landwirt, der seit 1995 Putenhaltung nach kontrollierten ökologischen Vorschriften betreibt, das Geflügel liefert. Eine Saltimbocca von der Biopute mit Safranrisotto und Feldsalat ist für Kalorienbewusste eine feine und gesunde Sache. Und mit den appetitlichen Brotzeiten sowie Fleisch vom Holzofengrill ist man in dieser ländlichen Idylle bestens versorgt.

Gegenüber: Immer noch Wallfahrtsort für Biergartenfreunde und Geniesser

16 Gasthaus Weißenbeck

Oma Anni war schuld

■ **Adresse**
Gasthaus Weißenbeck
85232 Unterbachern bei
Dachau,
Ludwig Thoma Straße 56
Tel.: 08131/725 46
www.weissenbeck.de
■ **Öffnungszeiten**
Mi–Fr 12–15 und 17:30–24
Uhr, Sa/So/Fei 11:30–24 Uhr
■ **Plätze** Gaststuben 120;
Garten 120
■ **Spezialitäten** Ente mit
handgeriebenen Kartoffel-
knödeln, gefülltes Stuben-
küken, Wildgerichte (saiso-
nal), Schweinebraten (von
Schwäbisch-Hällischen
Schweinen)
■ **Bier** Schmidmayer-Bräu
Spezialitätenbrauerei
■ **Anfahrt** S-Bahn, Auto
■ **Parkplätze** Ja
■ **Sonstiges** Musikalische
Veranstaltungen, Christ-
kindlmarkt

Ein Gasthaus für alle Sinne

Von heut auf gestern: Ein Dreiseithof auf dem Land wird zu einem beliebten Wirtshaus. Zwei Generationen weiter: beste Zutaten und handwerkliches Können, gepaart mit zündenden Ideen, grünem Daumen und Herzlichkeit.

Im Gasthaus Weißenbeck ist das Kochen Frauensache – auf baye-risch: Es ist eine richtige »Weiberwirtschaft«. Mit der Oma fing alles an. Die Anni war eine richtig gute Köchin, und als die Einheimi-schen im Dorf sie ermunterten, doch ein Wirtshaus aufzumachen, baute sie in den 1950er Jahren ihren Dreiseithof in ein Wirtshaus um. Ja, und die Anni hat das Kochen der Tochter Barbara beige-bracht und die wieder ihrer Tochter Elisabeth. Die Oma lebt nicht mehr, aber die zwei lebenslustigen und umtriebigen Frauen bewirt-schaften diesen wunderschönen Landgasthof mit großem Erfolg. Barbara Weißenbeck hat außer der exzellenten Küche auch noch ei-nen grünen Daumen, wie man so schön sagt. Der ganze Garten ist eine einzige Blumenpracht, und wenn die zwei Köchinnen aus ihrem Küchenfenster schauen, sehen sie nicht nur heimische Pflanzen, da stehen auch ein paar Olivenbäumchen, und die Zitronen wachsen ih-nen förmlich in den Mund.

Die Spezialität des Hauses ist Geflügel. Da gibt es Ente oder gefülltes Stubenküken – alles aus heimischer Aufzucht. Und weil Hans Wei-ßenbeck Jäger ist, bringt er, wenn Saison ist, Hirsch, Reh, Hase, Fa-san oder Wildente nach Hause. Die Fische kom-men aus heimischen Gewässern, Rindfleisch vom Lampl-Hof und das Schweinefleisch beziehen die Köchinnen von der bäuerlichen Erzeugergemein-schaft »Schwäbisch Hall«. »Bei uns ist Kochen noch Handwerk«, sagt die Juniorchefin, »denn je-der Kartoffelknödel ist handgerieben. Wir sind ein Familienbetrieb und machen von der Marmelade bis zu den Kuchen alles selber, und wenn wir auf-decken, dann immer weiß mit silbernen Kerzen-leuchtern. Es soll nicht überkandidelt, aber gemüt-lich sein.« Und das ist es auch.

Der Obere Wirt zum Queri

Alt und Neu in einer einzigartigen Verbindung

Täfelung aus altem Eichenholz, Kachelofen, historisches Tonnengewölbe, lauschiger Biergarten unter alten Kastanien, dazu beste bayerische Landhausküche – vielleicht beobachtet »von droben« vom Volksdichter, der in dem Haus geboren ist.

In diesem Landgasthof kam 1879 der bayerische Volksdichter Georg Queri zur Welt. Sein Zeitgenosse Ludwig Thoma sagte über ihn: »Wo Queri war, saß Altbayern mit seinem breiten Lachen und seinem schlagfertigen Witz.« Und Queri saß oft in der Friedinger Stub'n, in der sein Andenken immer noch hochgehalten wird. Ja, so stellt

man sich doch einen typischen Landgasthof vor. Gemütliche Stuben mit Kachelofen, ringsherum eine schöne Landschaft, gutes Essen und ein gutes Bier – für das breite Lachen müssen Sie selber sorgen. Wenn Sie so etwas suchen, sind Sie beim Queri schon richtig. Die Stuben sind behaglich, von der Anhöhe sieht man das Kloster Andechs, wo das berühmte Klosterbier herkommt, und weil das Haus an keine Brauerei gebunden ist, können die Gastleute sich erlauben, Maisacher Landbier im Steinkrug auszuschenken.

Eine Spezialität des Hauses ist Fleisch vom Deutschen-Angus-Rind aus der eigenen Zucht mit artgerechter Mutterkuh-Haltung im nahe gelegenen Drößling. Sehr fein ist die Tafelspitzsülze mit Kräutervinaigrette, Röstkartoffeln und Salat. Ich habe zudem einen Sauerbraten gegessen, der sehr fein war und auch nicht überall auf der Karte steht. Als Nachspeise gibt es eine Weißbiercreme als Variante der bekannten Bayerischen Creme. Der »Ofenschlupfer« ist eine Art Scheiterhaufen mit Äpfeln, Rosinen und Milch, im Ofen gebacken. Hans Martin Bauer, der vor zwei Jahren den Landgasthof mit Hotel von seinen Eltern übernommen hat, meint: »Vielleicht, so hoffe ich wenigstens, schaut uns der Georg Queri von oben zu, dann schmunzelt er gewiss und registriert alles, aber auch alles, wie er es zu Lebzeiten in seinen Büchern und Stücken getan hat.«

■ **Adresse**
Der Obere Wirt zum Queri
Georg-Queri-Ring 9
82346 Frieding-Andechs
Tel.: 08125/918 30
www.queri.de
■ **Öffnungszeiten**
Mo 16–1 Uhr, Di–So
9–1 Uhr (warme Küche
11:30–14 Uhr und 18–
21:30 Uhr), nachmittags
Kaffee und Brotzeit
■ **Plätze** Gaststube 45,
Nebenzimmer 50/20/30;
Biergarten mit Salettl 150
■ **Spezialitäten** Sauerbraten vom Deutschen Angus-Rind
■ **Bier** Andechser Klosterbier, Maisacher Landbier
■ **Anfahrt** S-Bahn (etwa 55 Minuten Fußweg); Auto
■ **Parkplätze** Ja

Das Rindfleisch kommt aus eigener Zucht.

Tipp
Der Ammersee ist nicht weit, und der Fußweg nach Andechs dauert etwa eine Stunde.

18 Wirtschaft zum Häring

Bekannte und unbekannte Gäste im Wirtshaus
am Starnberger See

■ **Adresse**
Wirtschaft zum Häring
Midgardstraße 3–5
82327 Tutzing
Tel.: 08158/12 16
www.haering-wirtschaft.de
■ **Öffnungszeiten** Di–So
9:30–24 Uhr; Winterpause
vom 7. Januar bis 5. März;
SB-Biergarten im Sommer
bei schönem Wetter immer
geöffnet
■ **Plätze** Restaurant 100,
Terrasse 250; Biergarten
250
■ **Spezialitäten** Bouilla-
baisse von Starnberger-See-
Fischen, Strudelvarianten,
Blechkuchen
■ **Bier** König-Ludwig-
Weißbier, Augustiner Helles
■ **Anfahrt** S-Bahn (10 Geh-
minuten); Auto
■ **Parkplätze** Ja
■ **Sonstiges** Frühstück den
ganzen Tag, Stehempfang
am See

Sonnenuntergang am See, das Wasser plätschert gegen das Ufer, Duft von Steckerlfisch zieht um die Nase, die Blätter alter Kastanien rascheln in der Abendbrise. Romantik pur. Oder Zeit für ein anregendes Gespräch.

Vom Wasser aus sieht man erst die ganze Pracht des im italienischen Landhausstil des Jahres 1853 erbauten Midgardhauses. Das solitäre Juwel steht auf einer Landzunge, ist umgeben von mächtigen Bäumen und von zwei Löwen bewacht. Vor über 25 Jahren kamen Fritz und Marlies Häring an den Starnberger See. Nach fünf Jahren in der »Schiffsglocke« in Possenhofen bekamen sie von der Gemeinde Tutzing die Chance, das Midgardhaus zu übernehmen. Zwei ihrer heutigen Mitarbeiter waren schon in Possenhofen dabei und gehören mit Sohn Patrick fast schon zur Familie. Der See hat zu jeder Zeit Prominente angezogen, und so haben auch Peter Maffei und später Leslie Mandoki, beide Musiker und Musikproduzenten, in Tutzing ein Studio aufgebaut. Musikgrößen aus aller Welt nahmen Songs in den Studios auf, und da kam es nicht selten vor, dass nach getaner Arbeit Lionel Richie oder Donovan in Härings Wirtschaft hereinschauten und zu später Stunde sogar noch eine Session gaben. Eine große

*Blick auf den See
und bis in die Berge*

Am Wochenende ist die Auswahl am größten.

Der wunderschöne Biergarten neben dem Restaurant

Freude für den Musikfan Häring, der ja wegen der vielen Arbeit kaum aus dem Laden rauskam. Ein ganz ruhiger Star dagegen war Heinz Rühmann, der von der anderen Seite des Sees mit seiner Frau Martha zum Essen ins Midgardhaus kam. Er aß immer am selben Tisch, und deshalb ist dieser immer noch der Heinz-Rühmann-Tisch. Härings mediterran angehauchte Küche hat viele Freunde, aber mit der Fischsuppe aus Starnberger Seefischen hat Fritz Häring schon früh auf sich aufmerksam gemacht. Doch der Mensch lebt nicht von Fisch allein, und so macht er auch heute noch, was er schon von frühester Kindheit kannte: Süßspeisen und Kuchen. Seine Eltern hatten in Niederbayern eine Feinbäckerei, und nach den alten Familienrezepten wird jeden Tag frisch gebacken. Aus der Backstube kommen unter der Woche zwei, an den Wochenenden fünf verschiedene Strudel und Blechkuchen. Man kann dann wählen zwischen Apfel-, Aprikosen-, Kirsch-, Milliram- und Zitronenstrudel. Es gibt einige Gäste, die kommen nur ins Midgardhaus, um sich den Strudel mit nach Hause zu nehmen. Aber es ist immer wieder ein besonderer Genuss, bei schönem Wetter auf der Terrasse zu sitzen, über den See zu schauen und einen dieser verführerischen Strudel zu genießen oder im Selbstbedienungsbiergarten unter alten Kastanien einen anstrengenden Tag ausklingen zu lassen.

Tipp
Vieles kann man von hier unternehmen, beispielsweise von der fünf Gehminuten entfernten Schiffsanlegestelle eine Dampferrundfahrt auf dem Starnberger See unternehmen, in einem der Strandbäder ins Wasser springen oder in Bernried das Buchheim-Museum der Phantasie besuchen.

19 Schönegger Käse Stüberl

Kreuzgewölbe und Käse aus eigener Produktion

■ **Adresse** Schönegger
Käse Stüberl
Welfenstraße 10
86989 Steingaden
Tel.: 08862/278
www.schoenegger.com
■ **Öffnungszeiten**
Mi–Mo 11–23 Uhr (warme
Küche bis 23 Uhr), über die
Wintermonate geschlossen
(Rückfragen Tel.: 08862/
98 01 16)
■ **Plätze** Gasträume 95;
Biergarten 60
■ **Spezialitäten** Käse-
Fondue, Käse-Raclette,
Kässpatz'n
■ **Anfahrt** RVO-Bus; Auto
■ **Parkplätze** Ja

Köstliche Käsegerichte, gemütliche Atmosphäre unter urigen Gewölben oder im lauschigen Biergarten und lebendige Gespräche. »Natur schmecken. Wohlfühlen. Leben.« – Das Schönegger Motto.

Wer ein Käseliebhaber ist, muss nicht unbedingt in die Allgäuer Berge oder in die Schweiz fahren. Im Ortskern von Steingaden im Pfaffenwinkel gibt es auf der oberbayerischen Seite des Lechs einen wirklich feinen Käse. Sepp Krönauer, gelernter Käsemeister, hat sich 2005 mit dem Käse Stüberl ein weiteres Standbein geschaffen.

Wo früher unter den urigen Kreuzgewölben eine Kleinbrauerei Bier braute, verspeist man jetzt herzhafte regionale Gerichte sowie Spezialitäten, die man aus dem Schwäbischen und aus der Schweiz kennt. Die allseits beliebten Kässpatz'n mit Röstzwiebeln bekommt man in zwei Varianten, mild oder würzig. Eine andere Spezialität ist das Käse-Fondue, das man aber einen Tag vorher bestellen muss. Wem das noch nicht genug an Käse ist, meldet sich für das Raclette-Essen am Freitag an, wo dann nach Schweizer Vorbild halbe Käselaibe bei Tisch heruntergeschmolzen werden. Für Gruppen oder eine große Familie ist das eine gesellige Angelegenheit. Früher wurde der Käselaib hauptsächlich am offenen Feuer geschmolzen, heute verwendet man spezielle Tischöfen. Dazu gibt es frittierte Kartoffeln, saure Gurken, Gemüse, Ananas, Mais, Champignons und Schinken. Die Beilagen sind für Fondue und Raclette etwa gleich. Die für die Gerichte verwendeten Käsesorten stammen selbstverständlich aus eigener Produktion.

Speisen nach Schweizer Vorbild: Raclette

Tipp

Gegenüber vom Käse Stüberl befindet sich das im romanischen Stil erbaute Welfenmünster mit Wessobrunner Stuck und einem romanischen Kreuzgang aus dem 12. Jahrhundert. Vor dem Gotteshaus ist ein wunderschön angelegter Kräutergarten mit Lehrpfad.

Schönegger Käse Alm

Von Null auf Siebzehn in 20 Jahren

Allein Bergkräuterwiesen liefern die Nahrung für das Vieh, seine tagesfrische »Heumilch« ist Basis für den Käse – und das Geheimnis seines Geschmacks.

Oberhalb der Echelsbacher Brücke liegt in einer traumhaften Landschaft auf 900 Metern die Schönegger Käse Alm. Käsemeister Sepp Krönauer etablierte 1988 die Käse Alm auf dem elterlichen Bauernhof und legte den Grundstein für den andauernden Erfolg. Er ist sich sicher, »die tagesfrische, natürliche, silagefreie Heumilch, traditionelle Rezepturen und das handwerkliche Können lassen die Käse-Schmankerl entstehen. Das Geheimnis der Käsequalität liegt in der Besonderheit der Milch. Durch die Heubewirtschaftung von über 200 bäuerlichen Betrieben, die uns in der Region beliefern, bekommen wir diese Qualität, und dadurch wird auch die Landschaftsform in ihrer wechselvollen Schönheit erhalten«. Lohn dieser Arbeit:

Im Jahr 2008 der erste Platz, eine Goldmedaille, für den Schönegger Alprahmkäse sowohl beim internationalen DLG-Qualitätswettbewerb als auch bei den World Cheese Awards. Diesen wunderbaren Bergkäse und all die verschiedenen jungen und reiferen Sorten kann man in dem dazugehörigen Ladengeschäft kaufen und an Ort und Stelle an den Tischen und Bänken verspeisen. Wer keinen Käse verträgt oder einfach nicht mag, der hat die Wahl zwischen Wildschinken, Kaffee und selbst gemachten Kuchen. An die Kinder wurde auch gedacht: Sie können auf einem Spielplatz toben oder daneben in einem Kleintiergehege Bergziegen, Ponys, Esel und Hasen bewundern und streicheln.

Eine Attraktion – auch für Kinder – ist das Schaukäsen, wo man hautnah erleben kann, wie aus frischer Milch Käse gemacht wird. Von Mai bis Oktober immer donnerstags um 11 Uhr, im August dienstags und donnerstags um 11 Uhr.

> ■ **Adresse** Schönegger Käse Alm (Geschäft mit Garten und Streichelzoo) Schönegg 6 82401 Rottenbuch Tel.: 08862/7515 www.schoenegger.com
> ■ **Öffnungszeiten** April–Oktober 9.30–18 Uhr, November–März Fr–So 11–17 Uhr **Spezialitäten** Käse aus den Bergen (aus silagefreier Milch)
> ■ **Anfahrt** Auto
> ■ **Parkplätze** Ja

Einkaufen und bei schönem Wetter: Draußen sitzen und genießen.

21 Fischerstüberl

Frischeste fitte Fische

■ **Adresse** Fischerstüberl
Johannisstraße 18
82418 Seehausen
am Staffelsee
Tel:. 08841/14 18
www.fischerstueberl-see-
hausen.de
■ **Öffnungzeiten**
Bis Ostern Mi–So (nach
Ostern Di–So) warme
Küche 11:30–14 Uhr und
ab 17:30 Uhr, dazwischen
eingeschränkte Auswahl
■ **Plätze** Gaststube 30,
Saal 80; Biergarten 250
■ **Spezialitäten** Fisch-
pflanzl, Zanderfilet in Man-
delbutter
■ **Anfahrt** Bahn (1 Kilo-
meter Taxifahrt); Auto
■ **Parkplätze** Ja

*Der Wirt mit einem Zander
aus dem See*

Tipp
Alljährlich auf dem Staffelsee stattfindende High-
lights sind die Fronleich-
namsprozession und das Fi-
scherstechen sowie der
Leonhardi-Ritt vom nahe
gelegenen Murnau nach
Froschhausen am Riegsee.

Unter Kastanien direkt am See. Blick auf Wasser und Berge. Auf dem Teller Köstlichkeiten aus dem Wasser, an den Nachbartischen Fischer. Vielleicht auch ein Medienbekannter. Ein gutes Zeichen.

Sieben Inseln, weiches, mooriges Wasser, das zu den wärmsten in ganz Bayern zählt: der Staffelsee. Am südlichen Ostufer legt die MS-Seehausen, das Ausflugsschiff, an – direkt am Fischerstüberl. Es wird seit 50 Jahren von der Familie Neumeier bewirtschaftet und ist wirklich einen Besuch wert. Was ist ein besserer Beweis, als dass sich die sieben ansässigen Fischer hier regelmäßig am Stammtisch treffen? Von langjährigen Stammgästen ist bekannt, dass das Zanderfilet in Mandelbutter mit gebackener Petersilie und Salzkartoffeln unübertroffen gut schmeckt. Ich bin wegen der Fischpflanzl gekommen, die der Küchenchef – übrigens der Chef des Hauses – immer auf der Karte hat. Der Wirt weiß noch von den Fischern, dass früher die Edelfische wie Renke und Saibling verkauft werden mussten, um das Einkommen zu sichern. Die an Gräten reichen Fische wie Brachsen und Hechte wurden dagegen zu Fischpflanzl verarbeitet und waren oft das Essen der Fischer. Mit Kartoffelsalat und einer Remouladensoße sind sie für den mittleren Hunger gerade das Richtige. Obwohl das Fischerstüberl, wie der Name schon sagt, eine hervorragende Adresse ist, um frischen Fisch zu essen, gibt es natürlich die ganze Palette von Fleisch- wie auch vegetarischen Gerichten. Im Sommer ist für 250 Gäste Platz auf der Terrasse, von der man einen wunderbaren Blick auf den See hat. Die gute Stube ist rustikal, aber gemütlich.

Bauerncafé Zum Giggerer

Im Haus des – verstorbenen – Wilderers

»Kraiz Giggerigi nomoi nei«, würde der Wilderer Giggerer sagen, »san dee Kuacha guad.« Und die Gäste könnten nur beipflichten. Frisch, ideenreich, vielleicht sogar eine Sünde wert.

Was ist eigentlich an einem Bauerncafé anders als in einem herkömmlichen Café, wollte ich von der Chefin, Eva Schuldlos, wissen. »Ich bin gelernte Hotelfachfrau, und meine Kuchen sind alle selber gemacht, wie bei jeder Hausfrau. Und das Café ist in einem ehemaligen Bauernhof mit drei Stuben und einem Kachelofen untergebracht. Als wir 1998 aufgemacht haben, ist das Bauerncafé gleich gut angenommen worden. Mein Mann Klaus hat nur einen Steinwurf entfernt einen Biolandbetrieb mit Muttertierhaltung und Pferden. Das Fleisch und die Wurst für die Brotzeit, die wir ja auch anbieten, kommt von dort, so wie die Milch und Sahne. Wir haben am Anfang noch viel improvisiert«, sie muss lachen, als sie an die Anfangszeit zurückdenkt. »Wir hatten keine Kuchentheke, und da hab ich meine Kuchen und Torten auf ein Tablett gelegt und hab' sie so den Gästen präsentiert. Das ist bis heute so geblieben.« Am Anfang hat auch die Oma fleißig mitgeholfen. Ihre Spezialität war die Hollertorte, die von den Leuten sehr geliebt wurde. Seit die Oma gestorben ist, gibt es diese zeitaufwendige Torte nicht mehr, obwohl jetzt auch die Kinder schon mithelfen. Heute bieten wir als Alternative eine Sauerkirsch-Variante an, die »Schmied-von-Kochel-Torte«. Als ich das letzte Mal dort war, hat Frau Schuldlos mir Hoffnung gemacht, dass sie heuer vielleicht zur Hollerzeit Anfang September wieder eine Hollertorte nach Omas Rezept anbieten werden. Nach ihrem Motto:
Aus Eiern, Zucker, Butter, Schmalz
Rosenwasser, Milch, Vanille, Salz
und noch vielen feinen Sachen
lässt sich leicht was Gutes machen!

■ **Adresse** Zum Giggerer Kalmbachstraße 13 82431 Kochel am See Tel.: 08851/51 27 www.giggerer.de/bauern-cafe.html
■ **Öffnungszeiten** Mi–Sa 12–19 Uhr, So 9:30–22 Uhr, Fei 9:30–19 Uhr (Fei–So 9:30–22 Uhr)
■ **Plätze** 3 Gaststuben 70; Garten 70
■ **Spezialitäten** Schmied-von-Kochel-Torte
■ **Anfahrt** Bahn (10 Gehminuten); Auto
■ **Parkplätze** Ja
■ **Sonstiges** Offenstall mit Pferden und Kühen (10 Gehminuten); nach Voranmeldung: Reiten für Kinder, Kutschfahrt, Ausritte

Eva Schuldlos bei der Präsentation ihrer Kuchenauswahl

23

Gasthaus Limm

Beim Sternekoch gelernt

■ **Adresse** Gasthaus Limm
Hauptstraße 29
82541 Münsing
Tel.: 08177/411
www.gasthauslimm.de
■ **Öffnungszeiten**
Mo/Di, Do–So-Mittag
10–14:30 Uhr und 17:30–
24 Uhr (warme Küche
11:30–14 Uhr und 18–
21 Uhr); Betriebsferien
Ende August–Anfang September
■ **Plätze** 110
■ **Spezialitäten** Innereien,
Kalbsbries, Ochsenbackerl
in Burgundersoße und
»heilsame Schmankerl«
(z. B. Filet vom Starnberger-
See-Zander mit Gänseblümchen-Risotto und jungem Löwenzahn)
■ **Bier** Verschiedene Biere
der Region
■ **Anfahrt** Auto
■ **Parkplätze** Ja

Das Credo des jungen Kochs: heilsame Schmankerl im Rhythmus von Jahreszeiten und Metzgerei zu kreieren. Ob manche nicht weniger heilsam sind, weil alles gar so gut schmeckt?

Die dem Gasthaus angeschlossene Metzgerei Limm (oder umgekehrt?) lieferte ihr Fleisch an das Sternerestaurant Aubergine von Eckart Witzigmann, und das will was heißen, denn der legendäre Kochmeister hatte allerhöchste Ansprüche an Qualität. Auch was Sebastian Limm in seiner eigenen Küche kreiert, kann sich sehen lassen. In seinen Lehrjahren lernte er bei den besten Köchen Münchens, unter anderem im Tantris bei Sternekoch Heinz Winkler, dem Nachfolger von Witzigmann. Sebastian Limm selbst ist bodenständig geblieben, stellt aber große Ansprüche an die Qualität. Ob bei Suppen oder Soßen, »es kommt mir nix aus dem Packerl rein«, sagt er mit Überzeugung. Und daher verarbeitet er nur Rindfleisch von Bauern aus der Umgebung, und die Fische kommen – wenn möglich – vom nahen Starnberger See. Mit seiner ganzen Küche orientiert sich Sebastian Limm am Rhythmus der Jahreszeiten und der eigenen Metzgerei. Seine Spezialitäten sind Innereien wie Kalbsnieren oder Kalbsbries und Wild. Das gemütliche Lokal ist hell und freundlich und ganz im Stil eines oberbayerischen Landgasthauses eingerichtet. Einziger Wermutstropfen vielleicht: Es haben nur ein paar Tische vor dem Haus Platz, und das liegt direkt an der Straße.

Das Gasthaus liegt zwar an der Hauptstraße, aber seine »inneren Werte« überzeugen!

Tipp
Von Münsing ist es nur ein Katzensprung an das Ostufer des Starnberger Sees mit seinen vielen Freizeitmöglichkeiten.

Gasthof zum Wildpark

24

Am ehemals höfischen Jagdrevier

Beliebtes Ausflugsziel zu sein und gleichzeitig ausgezeichnete Küche zu gewähren, geht das? Es geht. Auszeichnungen belegen es. Aber urteilen Sie selbst. Drinnen in der Stube oder draußen im Biergarten.

■ **Adresse** Gasthof zum Wildpark
Tölzer Straße 2
82064 Straßlach
Tel.: 08170/99 62-0
www.gasthof-zum-wild-park.de
■ **Öffnungszeiten** Mo–So 9:30–24 Uhr (warme Küche 11:30–21:30)
■ **Plätze** Gaststuben 17/20/ 36/46/70; Biergarten 500
■ **Spezialitäten** Geschmorte Kalbsbackerl, Ochsenschwanz; im Biergarten Baby-Spare-Ribs
■ **Bier** Hacker-Pschorr, auch Edelhell vom Holzfass ab 17 Uhr
■ **Anfahrt** S-Bahn plus Bus, U-Bahn plus Bus; Auto
■ **Parkplätze** Ja
■ **Sonstiges** KEIN Wildpark in der Nähe; an manchen Tagen Live-Musik

Der Hit: Wirtsgarten mit Fußbodenheizung

Seit vier Generationen befindet sich der Gasthof in Familienbesitz. Toni Roiderer, im »Nebenberuf« Wiesen-Wirt im Hacker Festzelt und Sprecher der Wirte, und seine Frau Christl haben das Ihre dazugetan und das Gasthaus vor den südlichen Toren Münchens zu einer Institution gemacht. Im Wettbewerb »Bayerische Küche«, der vom Bayerischen Landwirtschaftsministerium alle drei Jahre durchgeführt wird, wurde ihr Gasthof bereits mehrmals als bestes Gasthaus Oberbayerns ausgezeichnet. Garant hoher Qualität ist da sicher auch die hauseigene Metzgerei. Geschmorte Kalbsbackerl in Rotweinsoße mit glasiertem Gemüse und Kartoffelpüree und andere Kalbfleischspezialitäten begeistern die Gäste. Kerniges Tellerfleisch von Mastochsen, Spanferkel- und natürlich Schweinebraten werden ganz klassisch mit Kartoffelknödeln und Speckkrautsalat in der alten Stube im Erdgeschoss serviert. Wenn etwas ausgegangen ist, wird es von der Speisekarte gestrichen. Im Sommer kann man dank einer Fußbodenheizung auch an kühleren Abenden im Wirtsgarten gut verweilen. Da gibt es knusprige Hendl vom Drehgrill und Steaks und Baby-Spare-Ribs vom Lavastein-Grill. Wenn ab 17 Uhr eine Glocke läutet, wissen die Gäste, jetzt wird ein frisches Holzfass Hacker Edelhell angezapft.

> **Tipp**
> Die Isar ist nicht weit, da kann man schöne kurze und ausgedehnte Spaziergänge machen.

25 Fischer Sebald

Goldgelb aus dem Rauch

■ **Adresse** Fischer Sebald
Nördliche Seestraße 22
82541 Münsing-Ammerland
Tel.: 08177/91 32 oder
08177/458; www.boots-
verleih-fischerei.de
■ **Öffnungszeiten** April–
Oktober Mo–Sa 8–19 Uhr,
So 9–19 Uhr
November–März Mo–Sa
8–18:30, So 9–18:30 Uhr
■ **Plätze** Nur im Brotzeit-
garten 30
■ **Spezialitäten** Baguette-
semmel mit Saiblingsfilet,
Donnerstag Fischpflanzl,
Räucherfisch
■ **Anfahrt** Auto
■ **Parkplätze** Ja
■ **Sonstiges** Vor dem Fisch-
laden hübscher Brotzeitgar
ten mit Kinderspielplatz, Ba-
demöglichkeit
■ **Alternative bei**
schlechtem Wetter:
Restaurant Fischerrosl,
Beuerbergerstraße 1,
82541 St. Heinrich,
Tel.: 08801/746;
geöffnet Mo–Mi und Fr–So
11–23 Uhr (warme Küche
11:30–22 Uhr)

Tipp
Eine ideale Radltour mit
kaum nennenswerten Stei-
gungen ist die MVV Tour 7
– Rund um den Starnberger
See. Brotzeit natürlich beim
Fischer Sebald.

*Joseph Sebald. Geräuchert
wird hier jeden Tag frisch.*

**Qualität ist Tradition. Vor 150 Jahren war der Ahn königlicher
Hoffischer, heute produziert die jüngste Generation königlich
schmeckende Fischspezialitäten – nicht nur für den Geldadel.**

Als die Badewanne der Münchner wurde der Starnberger See schon
bezeichnet, als zweitgrößter See in Bayern ist er über die Landesgren-
zen hinaus bekannt als ein beliebtes Ziel für Freizeit und Erholung.
Waren es früher nur Bauern, Handwerker und Fischer, die am und
vom See lebten, fand auch König Ludwig II. Gefallen am Würmsee,
wie er damals noch wegen der Würm, seines einzigen Abflusses bei
Starnberg, genannt wurde. Ein See mit einer wechselhaften Geschichte, die für unseren Märchenkönig ein tragisches Ende nahm:
Er ertrank in ihm auf rätselhafte Weise.

Könige, Künstler und der Geldadel kommen und gehen, die Fischer
aber bleiben. Sie geben ihr Fischereihandwerk von Generation zu
Generation weiter, denn per Gesetz kann das Fischrecht nur vererbt,
nicht aber veräußert werden.

Mathias Sebald: »Ich hab' ja ursprünglich Feinmechaniker gelernt, als aber plötzlich und unerwartet unser Vater starb, musste ich mich entscheiden. Mein Bruder und ich haben ja von früh auf dem Vater bei der Fischerei und in der Landwirtschaft geholfen, sodass wir wussten, was auf uns zukommt und wie es geht. Ich machte die Prüfung zum Fischwirtschaftsmeister und habe es bis heute nicht bereut.« Die ganze Familie Sebald arbeitet heute zusammen. Bruder Sepp kümmert sich mit seiner Frau Sonja um das Räuchern und den Verkauf.

Wer zu Fuß oder mit dem Fahrrad unterwegs ist, kommt direkt an dem einladenden Garten mit den Räucherhäuschen und Obstbäumen vorbei und kehrt, durch den Räucherduft animiert, gern zu einer Brotzeit ein. Obwohl es ja ein Ladengeschäft ist, haben die Sebalds auch am Sonntag geöffnet. Der Renner sind die Baguettesemmeln mit geräuchertem Saiblingsfilet. Geräuchert wird jeden Tag frisch, und angefeuert wird nur mit Erlenholz, denn das gäbe das beste Aroma, sagen die Fischer. Man hat die Wahl zwischen Seeforelle, Saibling und Renke, dem Lieblingsfisch von Mathias Sebald, oder was sonst an Fischen noch ins Netz gegangen ist. Jeden Donnerstag gibt es Fischpflanzl, früher ein häufiges Gericht bei den Fischern. Die Edelfische mussten verkauft werden und die zweite Wahl, wie beispielsweise Hecht und Brachsen, wurde wegen der vielen Gräten vor allem zu Pflanzl verarbeitet.

Heute verwenden die Sebalds dazu Saibling, die Pflanzl sind deshalb überaus begehrt. Man kann sich im Laden auch Getränke dazu kaufen und alles in dem wunderschönen Obstgarten verspeisen – für Eltern mit Kindern ideal, denn der Garten ist durch einen Zaun geschützt und die Kleinen dürfen auch die Hasen streicheln, die in einem Gehege herumhoppeln.

Oberstes Gebot bei den Sebalds sind Qualität und Frische

Vor dem Laden ist altes Fischereigerät zu bewundern.

26 Gasthof Jägerwirt

Fast hundert Jahre Idylle, aber kein bisschen verschlafen

- **Adresse**
  Gasthof Jägerwirt
  Hauptstraße 10
  82544 Egling-Aufhofen
  Tel.: 08176/367
  www.gasthof-jaegerwirt.de
- **Öffnungszeiten**
  Do–So 9:30–21 Uhr durchgehend warme Küche
- **Plätze** 5 Gaststuben
  30/35/40/50/80, Saal 350;
  Gastgarten 300
- **Spezialitäten** Ente,
  Sülze, Ochsenschulter,
  Kuchen
- **Anfahrt** Auto
- **Parkplätze** Ja
- **Sonstiges** Eigene
  Metzgerei; Spielplatz;
  Verkaufstheke; Hotel

Nicht weit von München und dennoch weit auf dem Land. Weite Wiesen, Hügel und in der Ferne die Bayerischen Alpen. Und neben den kulinarischen Köstlichkeiten auch noch ein eigener Badesee!

Der Urgroßvater der Wirtsleute Meyr kaufte 1919 das Anwesen. Und weil es im Ort keine Dorfwirtschaft gab, schenkte er sonntags in seiner guten Stube Bier aus. An den Wochentagen kümmerte er sich um seine Felder und das Vieh. Aber bei jedem Umbau wurden Gastronomie und Öffnungszeiten etwas geändert. Im Jahr 1991 schließlich gaben die Meyrs die 30 Stück Vieh auf, bauten ein paar Stuben aus und öffneten die Gastwirtschaft freitags und am Wochenende. Nachdem 1998 ein großer Saal hinzugekommen war, wurde auch am Donnerstag geöffnet. Als vor ein paar Wochen dann das 20-Zimmer-Hotel fertiggestellt wurde – nein, da wurden die Öffnungszeiten nicht wieder geändert. Die Wirtin will davon nichts wissen, denn um die 34 Hektar Forst- und Landwirtschaft, in der noch Feldfutter angebaut wird, muss sich ja auch noch gekümmert werden. Und so warten die Stammgäste und Ausflügler sehnsüchtig darauf, dass die Jäger-

Tipp

Am hauseigenen Badeweiher ist Parken, Baden, Liegewiese frei. Es wird aber gebeten, keine Boote, Luftmatratzen und Hunde mit ins Wasser zu nehmen, nicht zu campen, kein Feuer zu machen, nicht nackt zu baden und alle Abfälle wieder mitzunehmen.

Links: Hausgemachte Sülze
Rechts: Die halbe Ente ist
wahrlich ein Festtagsschmaus.

wirt-freien Tage von Montag bis Mittwoch vorbei sind und man nach einer Radltour oder einem Spaziergang am nahe gelegenen, hauseigenen Weiher im Wirtsgarten einkehren kann. Vieles, was auf der Speisekarte steht, kommt aus eigener Herstellung. Ob das die Sülzen, die Kalbsbrätsuppe oder die saftige gekochte Ochsenschulter mit Reiberdatschi, Preiselbeeren und Salat ist. Dadurch sind die Preise und Portionen auch wirklich familienfreundlich. Die Süßwasserfische kommen vom Fischer Sebald am Starnberger See (siehe Seite 54). Ich habe bei meinem Besuch ein sehr gutes Menü gegessen, das aus einer Bratspätzlesuppe, Gulasch mit Semmelknödeln und einem Eisbecher bestand und etwa so viel kostete wie in einem vergleichbaren Gasthaus in München eine Vorspeise. Mein Ausflug hatte sich mehrfach gelohnt: Mein Hunger wurde an diesem netten beschaulichen Ort auf angenehmste Weise gestillt, und ich konnte mich fernab, aber doch nicht so weit von der Großstadt richtig entspannen. Fast hätte ich es noch vergessen: Die Enten sind ein Klassiker.

Ob Sonne oder Schatten, der Garten bietet beides.

Vom Bauernhof zum schmucken Landgasthof

27 Landgasthof Schmuck

Bodenständig und raffiniert

■ **Adresse**
Landgasthof Schmuck
Oberhamer Straße 3
82054 Sauerlach-Arget
Tel.: 08104/17 77
www.gasthof-schmuck.de
■ **Öffnungszeiten**
Mo–So 10:30–23 Uhr
(warme Küche 11–14 Uhr
und 17–21:30), nachmittags
Brotzeiten und kleine Karte
■ **Plätze** 2 Gaststuben
50/60, Saal 150; Biergarten
■ **Spezialitäten** Tafelspitz
vom Pinzgauer Biorind
■ **Anfahrt** S-Bahn plus Bus;
Auto
■ **Parkplätze** Ja
■ **Sonstiges** Eigene Metzge-
rei, Kegelbahnen 50/50; Hotel

Traditionelle bayerische Gastlichkeit, gemütlich und familiär. Damit wirbt die Wirtsfamilie. Sie hat recht.

Das Wirtsleben wurde der Familie Schmuck schon in die Wiege gelegt. Was gibt es Besseres für einen Gastwirt, als gleichzeitig etwas von Landwirtschaft und vom Metzgerhandwerk zu verstehen – sozusagen wie in einer Symbiose zu vereinen? Zu Recht stolz darauf, betreibt Franz Schmuck bereits in der fünften Generation den Landgasthof mit seiner Frau Angelika in dem schmucken Dorf Arget. Mutter Marianne hilft noch da mit, wo sie gebraucht wird. Seinen älteren Bruder Peter hat es schon früh nach München gezogen. Er betrieb zuerst den Dürnbräu in der Innenstadt und ist seit ein paar Jahren erfolgreicher Geschäftsführer des international bekannten Designer-Restaurants Lenbach. Die Schmuck-Brüder waren immer fleißig, und so hat jetzt zudem Franz in Hofolding das ehemalige Gasthaus Werner übernommen, das für seine Schnitzel bekannt war. Und auch

Die Schmucks: eine sympathische Wirtsfamilie

Einladend, so ein Spanferkelbraten

den dazugehörenden Metzgerladen in Sauerlach, der verpachtet war, betreibt er selber. Sein Privathof steht außerhalb der Ortschaft, umgeben von Wald und Weideland, auf dem seine Pinzgauer Herde in der sogenannten Muttertier-Haltung aufwächst. Er kümmert sich persönlich um die Tiere, nach dem Motto »gut leben, gut schmecken«. Und so ist der Tafelspitz meist, wenn auch nicht immer, vom Pinzgauer Biorind. Mit Meerrettich und Kartoffelsalat ein gesunder, geschmacklicher und trotzdem erschwinglicher Genuss. Für den Kartoffelsalat ist die Anna zuständig, die beleidigt wäre, wenn den ein anderer machen würde. Vor 65 Jahren kam sie in den Betrieb und war für die beiden Schmuck-Buben wie eine zweite Mutter, weil die Eltern sich ja früher die ganze Zeit um den Betrieb kümmern mussten. Bei diesem Konzept, einer traditionell bayerischen Küche mit sehr zivilen Preisen, wundert es nicht, dass das Gasthaus mittags wie abends stets gut besucht ist. Die Stuben sind bayerisch-gemütlich mit viel Holz ausgebaut. Im Garten spenden die Bäume den Schatten und keine Reklame-Schirme verschandeln die Landschaft. Am Sonntag sitzt der kleine Xaver mit den Eltern Angelika und Franz und Schwester Anna auch schon mit am Tisch und spitzt die Ohren – für ihn ist vermutlich jetzt schon klar, dass er später einmal in die Fußstapfen seines Vaters treten wird.

Gegenüber: Schatten gibt's im Salettl oder unter Bäumen, Reklameschirme kommen dem Wirt nicht in den Garten.

Tipp

Kein Zweifel: Wandern und Fahrradtouren sind (fast) ein Muss. Oder vielleicht Kegeln?

28 Gasthaus Holzwirt

Lust auf das Steak?

■ **Adresse**
Gasthaus Holzwirt
Am Holz 22
83623 Ascholding
Tel.: 08171/783 66
www.holzwirt-
ascholding.de
■ **Öffnungszeiten**
Di–So 11–21 Uhr (durch-
gehend warme Küche)
■ **Plätze** 3 Gaststuben
40–70, Saal 350; Biergar-
ten 250
■ **Spezialitäten** Marmo-
riertes Ochsennackensteak,
Ente vom Grill, Schlacht-
platte
■ **Bier** Paulaner
■ **Anfahrt** S-Bahn plus Bus
■ **Parkplätze** Ja
■ **Sonstiges** Geschützter
Spielplatz

Tipp
Am Haus vorbei führt ein
Fahrradweg, entweder
nach Egling oder zu den
Isarauen und der Pupplin-
ger Au.

Bodenständig und ohne modischen Schnickschnack. Ein ganz normales bayerisches Gasthaus eben. Aber eines zwischen duftenden Wiesen und schattigen Wäldern. So mag es der Wirt – und die Gäste lieben es.

Etwa 30 Kilometer südlich von München liegt etwas abseits der Hauptstraße inmitten einer wunderschönen Landschaft mit schattigen Wäldern und duftenden Wiesen der Gasthof Holzwirt. Von der langgezogenen Terrasse aus sieht man nur grüne Wiesen, das etwas unterhalb liegende Ascholdinger Schloss kann man nur erahnen, denn es ist durch hohe Bäume verdeckt. Der idyllische Dorfbach, noch völlig unbegradigt, plätschert in Richtung Mangmühle und vereint sich schließlich mit der Isar. Das Gasthaus kann auf eine lange Historie zurückblicken. In einem Buch über »Traditionelle Wirtschaften« steht zu lesen, der erste Vorgängerbau des Gasthauses ginge auf eine Jagdhütte vom Anfang des 17. Jahrhunderts zurück, in der zunächst nur Jagdgesellschaften verpflegt wurden. Das ist Geschichte, heute wird jeder von Wirt Josef und seiner Frau Rosmarie Lauterbach verwöhnt. Generationen vor ihnen erweiterten das Gasthaus, bis Josef Lauterbach das Anwesen 1994 von seinen Eltern übernahm. Zu der Kegelbahn und den Gästezimmern bauten die Lauterbachs dann 1997 noch einen Saal dazu, sodass das Ganze heute zu einem sehr stattlichen, aber trotzdem gemütlichen Anwesen herangewachsen ist. Nach oberbayerischer Manier und wegen der

*Das Ochsennackensteak
ist der Renner.*

Das Gasthaus liegt auf der Anhöhe und hat viel Platz rund ums Haus.

Schöne Lage, fesche Bedienungen

Liebe zum Detail trägt der reiche Blumenschmuck zur Zierde des Ganzen bei. Beim Service und der Verköstigung geben sich die Lauterbachs ebensoviel Mühe: »Wir sind stets bemüht, abwechslungsreiche und den Jahreszeiten folgende Speisen anzubieten. Außerdem haben wir Thementage, und so gibt es beispielsweise immer dienstags ab 18 Uhr auf Vorbestellung eine halbe gegrillte Ente mit Kartoffelknödeln und Blaukraut.« Ab September steht die Schlachtschüssel mit Blut- und Leberwurst und auch das Kesselfleisch mit Sauerkraut und Semmelknödeln auf der Speisekarte. Das preislich unübertroffene und etwa 300 Gramm schwere, marmorierte Ochsennackensteak vom Grill mit Kräuterbutter und Salatbukett ist ein Renner. Regionale Anbieter werden bevorzugt, und so kommen die Fische von der Mangmühle. Am Wochenende gibt es immer eine schöne Auswahl an selbst gemachten Torten. Auch mit dem Tagesmenü, bestehend aus Suppe, Hauptgang und Dessert, ist man bestens bedient. Neu sind das naturtrübe Kellerbier mit Bügelverschluss und das helle Fassbier. Es gibt auch eine Kinderkarte und zum Austoben der Kleinen jede Menge Platz am geschützten Kinderspielplatz.

29 Gasthaus Jägerwirt

Hax'n mit Kräutern und Kruste

■ **Adresse**
Gasthaus Jägerwirt
Nikolaus-Rank-Straße 1
83646 Bad Tölz-Kirchbichl
Tel.: 08041/95 48
www.jaegerwirt-kirch-
bichl.de
■ **Öffnungszeiten**
Di, Mi und Fr–So 11–
22 Uhr (warme Küche
12–14:30 Uhr und 17–
20:30 Uhr)
■ **Plätze** 2 Gaststuben
45/30, Saal 110; Biergarten
100
■ **Spezialitäten** Kalbs- und
Schweinshaxen, Reh- und
Hirschrücken (saisonal),
Dinkelbrot, Kuchen
■ **Anfahrt** Zug plus Bus;
Auto
■ **Parkplätze** Ja

Tipp
Historische Altstadt Bad
Tölz; Alpamare; Radwan-
derweg zum Kloster Reut-
berg mit Bademöglichkeit
im Kogler Weiher und im
Kirchsee.

Frische Produkte aus der Region, Kräuter aus dem eigenen Garten, Kreativität und Kochkunst. Und das beim Grillen, Garen, Backen, Frosten. Der Gast muss nur noch wählen und genießen.

Zwischen dem Kloster Reutberg und Bad Tölz liegt der kleine Ort Kirchbichl. Und dort der Jägerwirt, ein Gasthaus, das gleich mit mehreren Spezialitäten aufwarten kann. Einige davon muss man aber vorbestellen, sonst geht man leer aus. Aber auch für spontane Besucher haben Peter und Sabine Rank etwas zu bieten. Die Speisekarte führt jeden Tag andere regionale Gerichte an. Den Schweinebraten und die frischen Schmalznudeln gibt es am Wochenende immer. Schon seit Langem über die Landkreisgrenzen hinaus berühmt ist der Jägerwirt wegen der Kalbs-und Schweinshaxen vom Grill. Seit neuestem werden auch Kalbshaxen geschmort aus dem Reind'l, mit Gemüse und Weißkraut-Semmelwickerl, angeboten. Die müssen aber unbedingt einen Tag vorher bestellt werden. Zur Jagdsaison sind Reh und Hirschrücken weitere Spezialitäten des Hauses, und wer einen Hirschrücken im Ganzen haben möchte, kann ihn für eine kleine Gruppe vorbestellen. Hinterm Haus, im eigenen Garten, ziehen die Ranks ihre eigenen Kräuter. Liebstöckel, Rosmarin, Salbei, Zitronenmelisse und Pfefferminz gibt es auch als Tee. Die Kuchen bäckt Sabine Rank jeden Tag frisch, genauso wie ein saftiges Dinkelbrot aus frisch gemahlenem Vollkornmehl. Zwei gemütliche Stuben und ein Saal für 100 Personen stehen drinnen und ein nicht allzu großer Wirtsgarten unter Kastanien für Schönwettertage draußen zur Verfügung.

Auch der Saal ist gemütlich.

»Windbeutelgräfin«

Und der Himmel hängt voller Kaffeekannen

Wo die Liebe hinfällt, werden auch medienbekannte Küchenmeister sesshaft. Die Gäste freut es – bisher wurden etwa 2,5 Millionen Windbeutel serviert.

Im historischen Bauernkaffee »Windbeutelgräfin« im berühmten Wintersportort Ruhpolding hängt der Himmel nicht voller Geigen oder Wolken, nein, hier hängt der Himmel voller Kaffeekannen. Ein Paradies für alle, die dem Süßen nicht widerstehen können. Die Idee zu diesem Geschäftsmodell hatte Gräfin Richardis von Somnitz aus Ostpreußen nach dem Krieg. Die Wörter Windbeutel und Gräfin verschmolzen schließlich zu dem Wort Windbeutelgräfin. Im Jahr 1977 hatten Jochen und Anneliese Grill die Möglichkeit, das Café zu übernehmen. Operettenfan Jochen Grill ließ die vier Räume umbauen und operettenhaft, aber stimmig dekorieren. Und zu Richard Wagners hundertstem Geburtstag kreierte er gleich noch einen Windbeutel in Schwanenform, den er Lohengrin nannte. Die süßeste Verführung, seit es Windbeutel gibt, und das mit zwanzig verschiedenen Füllungen. Gemacht werden die Windbeutel aus Brandteig von der Chefin persönlich in Handarbeit und nach dem Backen mit Sahne und Früchten gefüllt. Küchenmeister Jochen Grill bietet deftige Speisen wie Schnitzel, Kässpatzen oder Fischgerichte – und das in bester Qualität – an. Er weiß gut, wie man das macht, war er doch vor seiner Selbstständigkeit Küchenchef im von den Michelin-Testern gelobten Berliner Conti.

■ **Adresse**
»Windbeutelgräfin« Historisches Bauernhauskaffee
Brander Straße 23
83324 Ruhpolding
Tel.: 08663/16 85
www.windbeutelgraefin.de
■ **Öffnungszeiten** Di–So 10–18 Uhr (an Feiertagen und zwischen Weihnachten und Heiligdreikönig auch an Montagen geöffnet)
■ **Plätze** 4 Stuben 130, Terrasse 130
■ **Spezialitäten** 20 verschiedenartig gefüllte Windbeutel
■ **Anfahrt** Zug; Auto
■ **Parkplätze** Ja

Die Windbeutel gibt es mit 20 verschiedenen Füllungen.

31 Beim Zotzn

Manche Träume erfüllen sich

■ **Adresse** Beim Zotzn
Wolfsgrubstraße 6
83700 Rottach-Egern
Tel.: 08022/29 99
www.zotzn.de
■ **Öffnungszeiten**
Di–Sa 17–24 Uhr, So 11–
24 Uhr
■ **Plätze** 3 Stuben 35;
Wirtsgarten 30
■ **Spezialitäten** Trilogie
von Knödeln, Schweine-
krustenbraten
■ **Anfahrt** Zug plus Bus;
Auto
■ **Parkplätze** Ja
■ **Sonstiges** Sommer-
theater im Gartenzelt

Gitarre an der Wand, Quetsch'n auf der Bank, Stuben wie im alten Bauernhof. Als sei man bei Freunden eingeladen, so fühlt man sich hier.

Aus dem über 600 Jahre alten ehemaligen Klosterhof ist ein überaus geschmackvolles Gasthaus geworden: der »Zotzn am Hagrain«. Der Hausname ist bis heute geblieben, aber der Besitz war nach der Säkularisation 1803 in private und 1830 in die Hände der Familie Bogner übergegangen. Christel Bogner hat sich mit ihrem Mann Josef, der aus Tirol stammt, einen gemeinsamen Traum verwirklicht und mit viel Mühe und großem Einsatz der ganzen Familie das Gehöft renoviert. Seit 1998 kann man in urig gemütlichen Räumen völlig rauchfrei bayerisch-tirolerische Schmankerl genießen. Und wenn man etwas Glück hat, spielt der Wirt selbst zum Essen auf. Alle Räume, die Florian-, die Hagrainer- und die Zirbelstube im Obergeschoss, sind aus ganz altem Holz gearbeitet. Ob im Winter am Kachelofen in der Stube oder im Sommer auch draußen im hübschen Garten, es empfiehlt sich immer, vorher zu reservieren. Ich bin leichtsinnigerweise ohne Voranmeldung an einem Sonntagmittag an den Tegernsee gefahren, um mir den Krustenbraten schmecken zu lassen. Es war leicht regnerisch, aber ich hatte Glück und bekam auch einen Platz. In einer der Stuben saß Gerhard Polt mit Frau und Freunden beim Essen. Weil ich vor einigen Jahren in einem Merian-Heft einen Essay

Der Schweinekrustenbraten ist ein echter Bayer, die Knödeltrilogie hat Tiroler Wurzeln.

Gediegene bayerische Wirtshauskultur

von Polt zum Thema Schweinebraten gelesen hatte, in dem Polt meinte, man dürfe einen Schweinebraten nur in einer würdigen Umgebung mit Atmosphäre, nicht an jedem beliebigen Ort essen, wusste ich, dass ich hier weder einer Touristenfalle noch einer bayerischen Imitation auf den Leim gegangen war. Den Tiroler Einfluss vom Wirt merkt man, denn es gibt auch Tiroler Kasnocken und Speck sowie eine Trilogie von Knödeln mit Sauerkraut für Gäste, die Fleisch weniger lieben. Somit ist alles perfekt. Bleibt nur noch zu klären, woher der Name Zotz kommt.

> **Tipp**
> Der Tegernsee gehört zu den schönsten Seen in Oberbayern. Es gibt viele Wanderrouten in den verschiedensten Schwierigkeitsgraden. Die Orte am See sind nicht nur durch Straßen verbunden, sondern auch durch Fährverbindungen.

Rottach-Egern: Vom Fischerdorf zur Sommerfrische

Der Mai mit den blühenden Almwiesen ist die schönste Jahreszeit für einen Besuch beim Gschwandtnerbauer.

Die Urigen

32 Gschwandtnerbauer

Wettersteinblick und Topfenstrudel

■ **Adresse**
Gschwandtnerbauer
Hansjörg Neuner jun.
82467 Garmisch-Parten-
kirchen-Gschwandt
Tel.: 08821/21 39
■ **Öffnungszeiten**
25.12.–31.10. Di–Mi und
Fr–So; Mo und Do Ruhetag
■ **Plätze** Gaststube 70; im
Freien 100
■ **Spezialitäten** Topfen-
strudel, Eintopf mit Lamm-
fleisch
■ **Sonstiges** Höhenlage
auf 1020 m; ideale Wan-
dergegend z.B. nach Ge-
rold (2 Std. vom Parkplatz)
mit Bademöglichkeit im
Geroldsee; Kinderspielplatz

Eine kurze Wanderung, bevor man in Bergidylle und Schmankerl schwelgen kann? Kein Problem, meint, wer einigermaßen geländegängig ist. Und das sind oft schon ein paar.

Der Name Gschwandtner ist für Nichtbayern gar nicht leicht auszusprechen, aber dem Berggasthof des Gschwandtnerbauern mit eigener Landwirtschaft tut das keinen Abbruch. Er ist wegen seiner Lage auf einer wunderschönen Hochebene auf 1020 Metern Höhe, aber auch wegen seiner unverfälscht bayerischen Schmankerl bei Einheimischen wie »Zuagroasten« sehr beliebt. Die kurze Wanderung von etwa 20 Minuten stellt da kein nennenswertes Hindernis dar, sondern eher eine willkommene körperliche Übung (ich brauche mir daher auch nicht vorzuwerfen, dass ich zu viele Leute »anschleppe«). Dass schon andere den Berggasthof entdeckt haben, merkt man sofort, wenn sich an schönen Sommerwochenenden bei der Essensausgabe dieser Selbstbedienungsgaststätte eine Warteschlange bildet. Und dann muss man auch irgendwie noch einen Platz ergattern.

Nach einer Wanderung darf auch mal Sahne auf dem Käsekuchen sein.

Aber allein der Ausblick ist es wert, geduldig zu bleiben: vom Karwendel bis zum Wettersteingebirge, von Alpspitz bis Zugspitze eine Augenweide. Und die Kapelle des Bergbauernhofes macht die Bergidylle perfekt. Sitzt man dann vor seinem Zwetschgenkuchen mit Streuseln, dem Käsekuchen oder Topfenstrudel – alles natürlich hausgemacht und von Bio-Qualität –, blendet sich das Stimmengewirr wie von selbst aus. Die frische Milch, die selbst gestampfte Butter (wenn genügend Rahm da war) und der Topfen sind die Grundlage für diese einfachen, aber überaus wohlschmeckenden Köstlichkeiten. Die kann man bei schlechtem Wetter auch in der warmen Stube am Kachelofen genießen, während sich die Kinder in dieser autofreien Umgebung austoben oder schaukeln. Dann denkt man vielleicht in der Geschichte ein paar Jahrhunderte zurück. Da konnten Siedler an die Errichtung eines Hauses erst denken, nachdem sie das Gebiet urbar gemacht hatten. Und das geschah durch Brandrodung, durch das *Schwenden* – daher also Gschwandt.

Gasthaus Ähndl

Am Rande des Naturschutzgebietes

Dass Kandinsky hier 1910 die Kirche gemalt hat, mag vielleicht nicht jeden beeindrucken. Keiner wird sich aber dem Zauber der Natur und dem Duft warmen Apfelstrudels entziehen können.

Ähndl wird die kleine Kirche St. Georg auf einem kleinen Hügel am Rande des Murnauer Mooses liebevoll von den Einheimischen genannt. Das kleine Gasthaus Ähndl gleich daneben lädt nach einer Wanderung durch das Naturschutzgebiet zu einer Rast ein. Die Wirtsfamilie Elisabeth und Franz Schögger betreiben das kleine Anwesen seit zehn Jahren. Sie machen fast alles selber, von der beliebten Leberwust bis zum Presssack, und im Winter gibt es am Dienstag immer Kesselfleisch und Schlachtplatte. Jede Portion ist reichlich. Die Karte wird jeden Tag neu geschrieben und reicht vom saftigen Tellerfleisch oder Ochsengulasch bis zu Kässpatzen. Jeder der hausgemachten Kuchen ist ein schmackhafter Begleiter zu einem Haferl Kaffee unter den alten Linden auf dem Kirchenhügel. Vom lauschigen Biergarten unter mächtigen Bäumen reicht ein Blick wie aus dem Bilderbuch vom Murnauer Moos bis in die Berge. Kinder können auf dem hauseigenen Abenteuerspielplatz herumtollen.

- ■ **Adresse** Gasthaus Ähndl Ramsach 2 82418 Murnau Tel.: 08841/52 41
- ■ **Öffnungszeiten** Fr–Mi 10 bis 22 Uhr (warme Küche 11:30–20:30 Uhr, im Winter bis 19:30)
- ■ **Plätze** Gaststuben 50; Garten 180
- ■ **Spezialitäten** Gebackener Kalbskopf, Fleischpflanzl, Bärlauchknödel
- ■ **Bier** Brauerei Karg, Murnau
- **Anfahrt** Auto
- ■ **Parkplätze** Ja
- ■ **Sonstiges** Kinderspielplatz

Lauschiger Platz am Rande des Naturschutzgebietes

Tipp

Schlüssel für die Kirche gibt's beim Wirt. Kunstfreunden ist das Münter-Haus zu empfehlen, in dem die Maler Gabriele Münter und ihr Lebensgefährte, Wassily Kandinsky, von 1908 bis 1914 wohnten. Geöffnet Di–So 14–17 Uhr.

34 Gasthaus zur Mühle

Zu jeder Jahreszeit einzigartig

■ **Adresse** Zur Mühle
Im Mühltal 10
82064 Straßlach
Tel.: 08178/36 30
www.gasthausmuehle.de
■ **Öffnungszeiten**
Di–So (im Winter Mi–So)
10–23 Uhr (warme Küche
11:30–21:30 Uhr)
■ **Plätze** Gaststube 70,
Nebenraum 150, Winter-
garten 70; Biergarten groß,
daher variabel
■ **Spezialitäten** Schweine-
braten, Sauerbraten
■ **Anfahrt** Auto
■ **Parkplätze** Ja
■ **Sonstiges** Kabarett-
veranstaltungen

Tipp

Man darf zwar mit dem
Auto bis zur Gaststätte fahren, aber viel gesünder ist
es, in Straßlach am Friedhof
das Auto abzustellen und
die Viertelstunde zu Fuß
zur Mühle zu gehen.

In Harmonie mit der Natur oder der Vergangenheit. Träumen im märchenhaften Biergarten oder in urtümlichen Stuben. Zurück in die Zukunft. Und: Prost und an Guadn!

Ein Ausflugsziel der besonderen Art ist die Mühle in den Isarauen im Süden von München. Hier kehren nicht nur Wanderer und Radler ein, sondern auch Passagiere der Flöße, die hier an der größten Floßrutsche Europas eine Pause einlegen. Meist für Kaffee und Kuchen, denn Essen und jede Menge Bier haben sie ja auf dem Floß.

Sehr beliebt ist die Mühle natürlich bei schönem Wetter, wenn man draußen unter den alten Kastanien sitzen kann. Aber auch wenn es mal nass und kalt ist – in der Mühle ist es richtig gemütlich. Dann bullern die Kachelöfen, und wenn es mal richtig voll wird, rücken die Gäste in den über 200 Jahre alten Stuben eben zusammen. Die Räume der Mühle sind noch im Originalzustand erhalten: Dielenböden aus Fichte, Holzvertäfelung an der Wand, verziert mit allerhand bayerischen Jagdgegenständen. Geheizt wird ausschließlich mit Holz. Seit 1993 ist der Wirt Partner der Isar-Amperwerke (heute E·ON), die Besitzer dieser urigen Immobilie sind. Robby Hirtl ist zwar als Koch in der Welt herumgereist, aber in der Mühle kommen nur regionale Produkte zum Einsatz und Hirtl kocht jeden Tag frisch. Das Ochsenfleisch für die Ochsenbrust stammt vom Gut Karlshof der Stadt München, das für seine hohe Qualität der Mastochsen bekannt ist. Ofenfrischer Leberkäs mit Kartoffelsalat und der von den Gästen hoch gelobte Schweinebraten mit Knödeln und Speckkrautsalat stehen immer auf der Karte.

Stuben wie zu Ludwig Thomas Zeiten

Kandlerwirt

Pumuckl und der Braten

So urig, dass Filmemacher nicht genug davon kriegen können. Und so gut, dass Gäste gerne häufiger kämen – wenn nicht nur am Sonntag geöffnet wäre. Aber vielleicht ändert sich das ja einmal?

Irgendwie beruhigend, dass es noch Leute gibt, die nicht auf Teufel-komm-raus dem sogenannten Fortschritt hinterherhecheln. Michael Kandler, seine Frau Eleonore und Schwester Katharina Kandler sind solche Menschen. In Oberbiberg, etwa 20 Kilometer südlich von München, bewirtschaften die drei einen Bauernhof mit Milchkühen und einigen Hektar Land und betreiben ihr Wirtshaus. Die Gaststube im Wirtshaus befindet sich noch im Originalzustand. Einige Fernseh- und Kinofilme wurden dort schon gedreht, wie beispielsweise »Meister Eder und sein Pumuckl« oder »Der Förster vom Forsthaus Falkenau«, der nach Dienstschluss sein Bier in der guten Stube trank. Das vorläufig letzte Filmteam, das von Markus H. Rosenmüller, drehte hier den bayerischen Erfolgsfilm »Wer früher stirbt, ist länger tot«. Als ob sie nicht schon genug Arbeit hätten mit der Landwirtschaft, sperren sie zur Freude der Ortsgemeinde und der hungrigen Ausflügler am Sonntag ihr Gasthaus auf. Da gibt es dann verschiedene Braten, die Katharina Kandler schon in aller Früh in die Reine des mit Holz befeuerten Küchenofen schiebt. Der Schweinebraten mit handgemachten Kartoffelknödeln und Salat ist Pflicht auf der Karte. Bei schönem Wetter kann man hinter dem Haus sitzen, wo die Kandlers sich noch ein Backhäuslein gebaut haben, um auch selber Brot backen zu können – natürlich nur bei der richtigen Mondphase, wie das früher auch schon üblich war.

> ■ **Adresse** Kandlerwirt
> Kirchplatz 1
> 82041 Oberbiberg
> Tel.: 089/613 16 02
> www.kandlerwirt.de
> ■ **Öffnungzeiten**
> Nur sonntags 11–15 Uhr
> (Frühschoppen, Mittagessen und Kuchen), im
> Sommer auch länger (bei
> Bedarf anrufen)
> ■ **Spezialitäten** Braten aus
> dem Holzofen, Brot nach
> der Mondphase gebacken
> ■ **Anfahrt** S-Bahn plus Bus;
> Auto
> ■ **Parkplätze** Ja
> ■ **Sonstiges** Offene Holzkegelbahn aus dem Jahr
> 1905

*Landwirt und Sonntags auch Gastwirt:
Michael Kandler mit den gemischten Braten*

36 Berggasthof Taubenberg

Biolandwirtschaft und Kräutergarten

■ **Adresse** Berggasthof
Taubenberg
Taubenberg 1
83627 Warngau
Tel.: 08020/17 05
www.taubenberg.de
■ **Öffnungszeiten**
02.04.–26.07. Do–So und
Fei 10–20 Uhr, 27.07.–
26.08. geschlossen,
27.08.–31.10. Do–So und
Fei 10–19 Uhr, 07.12.–
05.02. geschlossen
■ **Plätze** Gaststube 80;
Terrasse 150
■ **Spezialitäten** Jungoch-
senbraten, Nudeln, Wurst,
Schinken, Bio-Fleisch (auch
zum Mitnehmen)
■ **Anfahrt** Auto
■ **Parkplätze** Ja
■ **Sonstiges** Streichelzoo,
Riesenrutschbahn, Musi-
kantentreff

Freitags gibt's Nudeln. Selbst gemachte natürlich und in Bio-Qualität. Wie Fleisch und Wurst auch. Und weil die Wirtin alles mit Liebe zubereitet, auch mit gutem Karma.

Viele Großstädter beneiden München um die Qualität des hervorragenden Trinkwassers, das zum großen Teil aus der Mangfall stammt. Rund um den Taubenberg wurde daher zum Nutzen der Münchner Bevölkerung in den letzten 100 Jahren ein Wasserschutzgebiet ausgewiesen. Um das erreichen zu können, mussten Landwirtschaftsbetriebe stillgelegt oder auf Bio-Betrieb umgestellt werden. So auch der Bio-Hof mit Gastwirtschaft der Familie Maurer. Auf den Weiden stehen heute Limousin-Rinder, deren Fleisch von Feinschmeckern sehr geschätzt wird, in den geräumigen Ställen und Gehegen tummeln sich Schwäbisch-Haller Schweine, Puten, Gänse, Enten und Hühner. Um die Ponys kümmern sich die vier Kinder der Familie. Diese bäuerliche Idylle und bei schönem Wetter ein Alpenpanorama bekommt man als Dreingabe bei einer Einkehr auf dem Taubenberg. Ich konnte es kaum glauben, dass das Gasthaus durch die Nähe zu München und zum Tegernsee nicht total überlaufen ist. Man erreicht den Berggasthof zwar mit dem Auto, ihn zu Fuß oder mit dem Mountain-Bike anzusteuern, ist eine sinnvolle Alternative, denn die Gerichte sind schon äußerst verlockend. Oben erwarten einen die Produkte der hauseigenen Metzgerei, aber auch eine ganze Palette von der Wirtin hausgemachter Bio-Nudeln. Angefangen hatte Monika Maurer mit einer kleinen, jetzt produziert sie jeden Donnerstag und Freitag mit einer größeren, original italienischen Nudelmaschine ganze Berge von frischen Teigwaren – von Vollkorn-Dinkel-Hörnchen bis zu bunten Spinatbandnudeln. Die lassen Pasta-Fans das Herz höher schlagen. Selbstgeräucherte Würste, Leberkäse mit Kartoffelsalat und warme Gerichte wie Gulasch mit Nudeln oder verschiedene Braten stehen zur Auswahl. Das Angebot wechselt, je

nachdem, was gerade da ist, erklärt die Wirtin. Auch für Vegetarier gibt es immer wechselnde Gerichte. Noch schöner als im Haus sitzt man auf der sonnigen Selbstbedienungsterrasse. Der Blick in das Alpenvorland und die Ruhe auf dem Taubenberg sind die reinste Freude, besonders für Eltern, deren Kinder sich ungestört auf dem Gelände tummeln können. Für zu Hause kann man vom Fleisch bis zu den Nudeln fast alles mitnehmen. Übrigens, selbst Bier und Schnäpse kommen von Bio-Betrieben.

Zu Fuß, mit dem Mountainbike oder mit dem Auto zu erreichen: der Berggasthof

Gegenüber:
Die hausgemachten Nudeln von Monika Maurer

Tipp
Der Aussichtsturm ist frisch renoviert, den Schlüssel bekommt man im Gasthaus.

Die Töchter mit ihrem Pony

37 Gasthaus Waller

Ein Kleinod als Gaststube

■ **Adresse** Gasthaus Waller
Urfahrnstraße 10
83080 Oberaudorf-Reisach
Tel.: 08033/1473
www.waller-reisach.de
■ **Öffnungszeiten**
Di–So 11–23 Uhr (warme
Küche 11:30–14 Uhr und
17–20 Uhr, im Sommer bis
20:30 Uhr), Sa–So durch-
gehend warme Küche
■ **Plätze** große Stube 60,
kleine Stube 30, Gang 30;
Garten 100
■ **Spezialitäten** Mehl-
speisen
■ **Bier** »Boisei«-Bier der
Oberaudorfer Weißbier-
brauerei Bals (Europas
kleinste Brauerei)
■ **Anfahrt** Bahn (20 Minu-
ten Fußweg); Auto
■ **Parkplätze** Ja
■ **Sonstiges** Jazz-Früh-
schoppen

Früher Klosterbrüder und Einheimische, heute auch noch Aus-flügler. Seit 1750 ist Leben in der getäfelten Gaststube und in dem Biergarten.

Eine Institution ist heute das Gasthaus Waller im Inntal. Hier sitzen die Einheimischen neben den Ausflüglern. Besonders am Wochenende kann es schon mal laut und lebhaft werden, wenn ganze Gruppen von Ausflüglern und Familien die Stuben in dem stattlichen Wirtshaus bevölkern. Die Speisekarte ist bodenständig. Für Vegetarier gibt es eine eigene Karte mit Vollwertgerichten – von Gemüse-Kartoffelplätzchen mit Salat bis zu Spinatknödeln mit frischem Parmesan oder Maultaschen mit brauner Butter und Salat. Außerdem wird eine große Auswahl an Mehlspeisen angeboten, so wie es früher auf den großen Bauernhöfen üblich war: Dampfnudeln, Rohrnudeln, Reisauflauf, Topfenstrudel oder Zwetschgenknödel. Aber auch die Fleischgerichte können sich sehen lassen. Vom Böfflamott oder Ochsenbiergulasch zum Hirschschlegel. Fischliebhaber können zwischen Zubereitungen von Forelle und Wels wählen. Wer jedoch Lust auf eine resche Ente oder Schweinshaxe hat, muss einen Tag vorher bestellen. Zu den Brotzeiten gibt es selbst gebackenes Bauernbrot.

Gleich neben dem Kloster befindet sich das Gasthaus mit den guten Mehlspeisen.

Tipp
Man könnte hier Ski fahren, Langlaufen, wandern oder einfach das nahe gelegene Kloster Reisach der Unbeschuhten Karmeliten besichtigen.

Mesner-Stub'n

Wildschwein, Gams und Reh

Draußen wie drinnen – Althergebrachtes ist nicht zu übersehen. Vom gemütlichen Biergarten aus blitzt die Kirche aus dem 12. Jahrhundert durch die Bäume, drinnen ahnt man das 17. Jahrhundert. Die Bewirtung aber ist stets knackig und frisch.

Auf einer Anhöhe über Prien am Chiemsee liegt neben der mittelalterlichen St. Jakobskirche das ehemalige Mesnerhaus, dessen Bausubstanz nahezu aus dem 17. Jahrhundert stammt. Seit 1913 ist es im Besitz der Familie Blank, die es 1972 in ein Wirtshaus umbauten. Als Andreas Blank im Jahr 2000 das Wirtshaus von seinen Eltern übernahm, war für ihn klar, dass er es in ihrem Sinne weiterführen würde. Das heißt, das Bier kommt aus dem Holzfass und wird in Steinkrüge eingeschenkt. Das Küchenangebot hat er ausgebaut. Seine Spezialität sind das ganze Jahr über Wildgerichte, für die er ganze Tiere von den Jägern kauft. Da bietet die Speisekarte dann Wildschweinbraten oder Gerichte vom Gams, Hase, Reh oder Hirsch an. Genauso kauft er Rind und Lamm im Ganzen, wenn sie nicht aus eigener Aufzucht kommen. Im Sommer gibt es bei schönem Wetter am Samstag Spanferkel und am Sonntag Steckerlfisch vom Holzofengrill. Hausgemachte Spezialitäten, die fast immer angeboten werden, sind die Schweinskopfsülze mit Bratkartoffeln, und Lammschinken mit Reiberdatschi.

- **Adresse** Mesner-Stub'n Urschalling 4 83209 Prien am Chiemsee Tel.: 08051/39 71 www.mesnerstubn.de
- **Öffnungszeiten** Mi–Mo 16:30–1 Uhr, So/Fei 10–1 Uhr
- **Plätze** 4 Gaststuben 100; Biergarten 150
- **Spezialitäten** Wildspezialitäten (Reh, Wildschwein, Gams u. a.), hausgeräucherter Lammschinken
- **Bier** vom Holzfass
- **Anfahrt** Bahn (Haltepunkt der Chiemgau-Bahn nur wenige Meter entfernt); Auto
- **Parkplätze** Ja

Urige Stuben mit nettem Garten unweit des Chiemsees

Tipp

Die einmaligen Fresken in der St. Jakobskirche sind einen Besuch und vielleicht sogar eine Führung wert (Tel.: 08051/69 05–0).

39   Fischhütte Reiter

Es riecht nach Mehr

■ **Adresse**
Fischhütte Reiter
Forellenweg 29
83209 Prien am Chiemsee
Tel.: 08051/41 39
www.bayern-online.de
■ **Öffnungszeiten** Mo–So
11:30–23 Uhr (im Winter
Sa–So ab 12:30 Uhr)
oder nach Vereinbarung!
■ **Plätze** Gaststube 40;
Garten 350
■ **Spezialitäten** Brat»he-
ring« von der Renke, Ste-
ckerlfisch vom Holzkohlen-
grill, Chiemsee»matjes«
■ **Anfahrt** Mit Auto nur bis
Parkplatz (50 Meter Fußweg)
■ **Parkplätze** Nein
■ **Sonstiges** Bademöglich-
keit, kleiner Kinderspiel-
platz

Gegrillt, gebeizt, gesalzen oder frisch. Renken, Forellen oder Saiblinge. Drinnen oder draußen. Die Wahl fällt schwer. Ein Lob nicht.

In der Schafwaschenerbucht wird im Sommer gegrillt und manchmal spielt eine Musik dazu.

Wer gerne Räucherfisch oder frischen Steckerlfisch vom Holzofen-grill mag, sollte am Chiemsee-Uferweg in Osternach unbedingt vor Anker gehen. Entweder zu Fuß am Seeufer von Prien aus oder von Osternach aus in Richtung Schafwaschenbucht immer dem Duft der Seeluft folgen. Denn die wird hier nicht verfälscht durch Autoabgase oder Pommesgeruch. Je nach Witterung kann man draußen an Biertischen Platz nehmen oder in der urigen Hütte. Brigitte Reiter schmeißt drinnen an der Theke den Laden, während ihr Mann Michael am Grill steht. Hausgemachte Fischspezialitäten werden hier in verschiedenen Varianten angeboten: Steckerlfisch frisch vom Holzkohlengrill, der Brat»hering« wird aus Renkenfilet gemacht und Seeforellen und Saiblinge nach hauseigenen Rezepten gebeizt.

Wer keinen Fisch mag, für den gibt es bayerische Brotzeiten und ein süffiges Bier vom Fass dazu. Bei schönem Wetter spielt meistens am Mittwoch Live-Musik. Der Sonnenuntergang ist im Preis inbegriffen.

Tipp
Mit dem Schiff auf die Her-
ren- oder Fraueninsel oder
zu Fuß (15 Minuten) ins Er-
lebnisbad Prienavera.

Bräustüberl

Der Geist von Kloster Au

Seit mehr als 200 Jahren ununterbrochen in Hand derselben Familie. Gehegt und gepflegt und beschützt. Hier kann man beruhigt den Alltag hinter sich lassen und sich um Leib und Seele kümmern.

Auf einer großen Innschleife liegt idyllisch eingebettet die gewaltige Anlage des ehemaligen Augustiner Chorherrenstifts. Wären die Mönche nicht 1803 im Zuge der Säkularisation vertrieben worden, würden sie wohl heute noch an den Sudpfannen stehen und Bier brauen. Später holte man Ordensleute ins Kloster zurück, jedoch Franziskanerinnen, die hier heute ein Internat und eine heilpädagogische Einrichtung betreiben. Mit Brauerei und Bräustüberl haben sie nichts mehr zu tun, die sind schon in sechster Generation im Besitz der Familie Gassner. Nach dem Tod von Braumeister Anton Gassner führt seit 1998 der jüngste Sohn Anton die Brauerei und das Stüberl. Gebraut wird immer noch nach überlieferten Rezepturen und gemäß dem Bayerischen Reinheitsgebot aus dem Jahr 1516. In der Gaststube mit dem Tonnengewölbe, dem Holzfußboden und den holzvertäfelten Wänden, mit Kachelofen und schweren Ahorntischplatten kann man sich leicht in die »Gute alte Zeit« zurückversetzt fühlen.

Das geht natürlich am besten mit einem dunklen Bier in der Hand, der Spezialität der kleinen Brauerei. Zum Essen gibt es Brotzeiten und seit Neuestem auch warmes Essen. Im Sommer kann man herrlich draußen sitzen – umgeben von altem historischem Gemäuer, im Schatten einer großen Kastanie.

■ **Adresse**
Klosterbräustüberl
Klosterhof 3
83546 Au am Inn
Tel.: 08073/12 09
www.kloster-braeu.de
■ **Öffnungszeiten**
Mo–Sa 12–24 Uhr,
So/Fei 10–24 Uhr
■ **Plätze** Biergarten 180
■ **Spezialitäten** Brotzeit,
Bier
■ **Bier** Kloster Au
■ **Anfahrt** Auto
■ **Parkplätze** Ja

*Ein Bräustüberl
aus der »Guten alten Zeit«*

41

Mesnerwirt St. Johann

Die besten Bratkartoffeln der Welt

■ **Adresse**
Mesnerwirt St. Johann
St.-Johann-Straße 22
83313 Siegsdorf-St. Johann
Tel.: 08662/7430
www.mesnerwirt-
stjohann.de
■ **Öffnungszeiten**
Do–Di 12–24 Uhr (warme
Küche 12–14 Uhr und
17–21 Uhr), geschlossen
nach den bayerischen
Herbstferien bis 10.12.,
sonntags keine Bratkartof-
feln
■ **Plätze** 2 Gaststuben je
30, Salettl 15; Terrasse 60
■ **Spezialitäten** Bratkartof-
feln
■ **Anfahrt** Auto
■ **Parkplätze** Ja

74 Jahre ist die Mader Wally. Mesnerin, Bäuerin, Wirtin und auch noch Mutter und Oma. Da übt sich jeder in Geduld – wenn er nur eine Portion ihrer knusprig-goldenen Taler ergattern kann.

In der Speisekarte steht zu lesen: »Liebe Gäste, Sie haben in einem der ältesten Gasthäuser im Chiemgau Platz genommen. Unser Haus ist ca. 450 Jahre alt, und in unserer Küche wird jedes Gericht frisch und auf einem Holzofen zubereitet. Deshalb kann es bei viel Betrieb zu Wartezeiten von 1–1,5 Stunden kommen.« Beim Mesnerwirt muss man sich das so vorstellen, als würde man seine rüstige Groß-mutter auf ihrem Bauernhof besuchen und sie kocht auf. Die Land-wirtschaft hat die 74-jährige Walburga Mader, die »Mader Wally«, fast ganz aufgegeben, wenn auch noch ein paar Jungtiere auf der Weide stehen. Aber in der kleinen Kirche nebenan, die dem heiligen Johann geweiht ist, verrichtet sie noch den Mesnerdienst. Das heißt, morgens ganz in der Früh die Kirche aufschließen, Blumen gießen und alles sauber halten. Wird das nicht alles zu viel, frage ich die Wally? »Ja mei, Glockendienst kann ich an einem schönen Sonntag

Die Wally und ihr Holzofen

nimmer machen, da muss ich ja im Wirtshaus kochen.« Bisher hatte sie eine große Hilfe in ihrer Tochter Johanna, doch seit diese selber Familie hat, kann sie höchstens am Abend mithelfen. Aber dafür springen jetzt Leute aus der Verwandtschaft oder aus dem Dorf ein. Es ist also klar: Wer Wallys sensationelle Bratkartoffeln essen will, muss etwas Zeit und Ruhe mitbringen. Aber das dürfte nicht sehr schwer fallen in der holzgetäfelten Stube mit Kachelofen oder draußen im Salettl. An Sonntagen ist natürlich immer mehr los, und dann gibt es auch eine andere Karte: Schweinebraten, Tellerfleisch, Jägerbraten vom Rind und Schweineschnitzel. »Am Sonntagmittag können wir aus Platzmangel keine Bratkartoffeln anbieten«, sagt sie. Wenn Sie eine bäuerlich-ländliche Atmosphäre lieben, fühlen Sie sich da gleich wohl. Zur Brotzeit, sei es Leberkäs oder die bunt gemischte Mesner-Hausplatte, und zu allen anderen Speisen kann man die wunderbaren Bratkartoffeln bestellen. Was ist das Geheimnis dieses eigentlich einfachen Gerichts? »Es sind gleich mehrere«, meint die Mader Wally, »ein kräftiger Schlag Butter und Kartoffeln, die am Vortag gekocht wurden, eine blitzsaubere Pfanne, in der nur Bratkartoffeln gebraten werden – und das Holzfeuer bringt den guten Geschmack.«

Mesner und Wirt ist in Bayern kein Widerspruch:
Das Kircherl ist nebenan.

Bei diesen Bratkartoffeln wird das Schnitzel zur Beilage.

Tipp

1975 wurden in der Nähe von Siegsdorf 40 000 Jahre alte Mammutknochen gefunden. Neben anderem Interessanten zu bewundern im Naturkunde- und Mammut-Museum Siegsdorf (www.museum-siegsdorf.de).

An einem schönen Sommer-Wochenende kann es im Biergarten schon mal eng werden.

Biergärten, Klosterbrauereien und Viktualienmarkt

42–53 Die Münchner Biergärten

Tradition voller Zukunft

**Sommerhitze, ein Tisch im kühlenden Schatten alter Kastanien-
bäume. Schäumendes Bier im Masskrug, auf dem Teller
Brez'n und Radi. Nette Freunde oder einfach nur die eigenen
Gedanken. Gibt es was Schöneres?**

Wann ein Biergarten bewirtschaftet ist, hängt natürlich von den Öffnungszeiten des jeweiligen Gasthauses ab, aber auch vom Wetter. Es
kann daher durchaus sein, dass an einem sonnigen Januarsonntag ein
Biergarten geöffnet ist, an einem heißen Dienstag im August nicht,
weil das Gasthaus da Ruhetag hat.

Augustiner-Keller
Arnulfstraße 52
80335 München-Neuhausen
Tel.: 089/59 43 93
www.augustiner-braeu.de

42 Augustiner-Keller
Hendl veredelt und Bier vom Holzfass

*Beim Aumeister
wird auch gegrillt.*

Als Bierlager 1812 entstanden, hat sich Münchens ältester Biergarten
mit seinen über 100 uralten Kastanienbäumen zu einer der beliebtesten Bieroasen der Stadt entwickelt. »Der Augustiner«, wie er von den
Einheimischen genannt wird, ist wegen seiner zentralen Lage, aber
noch mehr wegen seines Bieres so beliebt. Der »Edelstoff« kommt
noch ganz traditionell aus dem »Hirschen«, einem 200-Liter-
Holzfass, zum Ausschank. Neben den Brotzeitklassikern, wie Brezen
und Radi, sind die reschen Hendel vom Grill besonders gefragt. Mit

Petersilie gefüllt und zum Schluss noch mit Butter bestrichen, zählen sie zu den besten in der Stadt und sind so die Grundlage für einen gelungenen Biergartenbesuch. Das Publikum ist bunt gemischt, von Handwerkern und Touristen bis zu Anwälten und Prominenten ist alles vertreten, vor allem gibt es auch jede Menge Stammtische.

Anziehungspunkt im Englischen Garten: der Chinesische Turm

43 Aumeister

Der Familiengarten

Der Aumeister im nördlichen Teil des Englischen Gartens war früher ein bewirtschaftetes Forsthaus, das sich im Laufe der Jahre zu einer beliebten Einkehr entwickelte. Den Biergarten kann man durch den Englischen Garten gut und entspannt mit dem Fahrrad erreichen. Eine frische Mass und ein Steckerlfisch unter schattigen Kastanien ist sehr beliebt.

Aumeister
Sondermeierstraße 1
80939 München-Freimann
Tel.: 089/189 31 42–0
www.aumeister.de

44 Chinesischer Turm

Einmal im Jahr auch für Kocherl

Einen »englischen« Garten gab 1789 Kurfürst Karl Theodor von Bayern in Auftrag. Als Park und zur Jagd für die adelige Gesellschaft sollten die 363 Hektar dienen. Heute tummelt sich dort die vermutlich bunteste Mischung an Gästen aller Münchner Biergärten. Die einen führen ihren Körper, die anderen ihren Hund spazieren. Einmal im Jahr, meistens Ende Juli, treffen sich hier am frühen Morgen

Chinesischer Turm
Englischer Garten 2
80538 München-Schwabing
Tel.: 089/38 38 73 20
www.chinaturm.de

Im Hirschgarten bis zu 10 000 Menschen. Herausgeputzt wie Köchinnen, Dienstboten oder »die Herrschaft« in mehr oder weniger historischen Kleidern, tanzen sie zu Fidelmusik auf dem »Kocherl-Ball«.

45 Hofbräukeller
Mit Open-Air-Bar

Auch hier wütete vor 20 Jahren ein Großbrand und veranlasste das Staatliche Hofbräu, ihre Braustätte vor die Tore der Stadt, nach München-Riem, zu verlagern. Gaststätte und Biergarten wurden zügig renoviert, und so hatten vor allem die Haidhauser ihr Wohnzimmer wieder. Vor dem Biergarten, am Wiener Platz, macht eine Miniaturausgabe des Viktualienmarktes das ganze Ensemble zu einem städtischen Kleinod. Für die jüngeren, trendigeren Gäste gibt es eine Open-Air-Bar.

> **Hofbräukeller**
> Innere Wiener Straße 19
> 81667 München-Haidhausen
> Tel.: 089/459 92 50
> www.hofbraeukeller.de

46 Königlicher Hirschgarten
Europas größter Biergarten

Im Westen der Stadt bietet Münchens und Europas größter Biergarten 8000 Gästen Platz. Groß ist die Auswahl an Brotzeiten und warmen Gerichten. Das Augustiner Bier kommt aus dem Holzfass. Zur

> **Königlicher Hirschgarten**
> Hirschgarten 1
> 80639 München-Neuhausen
> Tel.: 089/17 99 91 19
> www.hirschgarten.de

Freude der Kinder liegen an den Biergarten angrenzend ein riesiger Park und ein Wildgehege.

47 Löwenbräukeller
Hier brüllt der Löwe vor dem Haus
Wenn der Wind aus der richtigen Richtung weht, riecht es in dem nicht sehr großen Biergarten nach der weltberühmten Brauerei mit dem Löwen, die noch immer ihren Sitz hier hat. Das Publikum ist g'standen münchnerisch, an Wochentagen ist der Biergarten wegen seiner zentralen Lage auch bei Geschäftsleuten sehr beliebt.

Löwenbräukeller
Nymphenburger Straße 2
80335 München-Maxvor-
stadt
Tel.: 089/547 26 69
www.loewenbraeukeller.com

48 Menterschwaige
Versteck für die Geliebte des Königs
Am rechten Isarhochufer in Harlaching liegt der ehemalige Gutshof Menterschwaige. In einem seiner Nebengebäude pflegte einst König Ludwig I. heimlich seine Geliebte Lola Montez, eine irische Tänzerin, zu treffen. Heute beherbergt der Hof ein renommiertes Restaurant. In seinem stattlichen Biergarten kann man aus der ganzen Palette gut zubereiteter bayerischer Spezialitäten wählen. Allerdings gibt es nicht ein einziges Gericht, das an die schöne Lola erinnern würde. Sollte der Wirt also vielleicht eine »Auszogne Lola Montez« anbieten?

Menterschwaige
Menterschwaigstraße 4
81545 München-Harlaching
Tel.: 089/64 07 32
www.menterschwaige.de

In manchen Biergärten wird das Bier auch gebracht. Rechts: So lautet die bayerische Tradition.

Liebe Gäste,

es ist Tradition in Bayern, dass alle Getränke im Biergarten immer und ausschließlich beim Wirt gekauft werden!

Ebenso ist es Tradition, dass man im echten Münchener Biergarten die Brotzeit mitbringen darf oder man kauft sie beim Wirt.

Halten Sie sich bitte an dieses bayerische Brauchtum!

Ihr Hirschgartenwirt

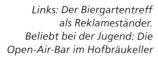

Paulaner am Nockherberg
Hochstraße 77
81541 München-Giesing
Tel.: 089/459 91 30
www.nockherberg.com

Seehaus
Kleinhesselohe 2
80802 München-Schwabing
Tel.: 089/381 61 30
www.kuffler-gastronomie.de

Taxisgarten
Taxisstraße 12
80637 München-Neuhausen
Tel.: 089/15 68 27
www.taxisgarten.de

49 Paulanerkeller
Hier kommt die Rettung

In dem Traditionskeller (früher Salvatorkeller) wütete 1999 ein zerstörerischer Brand, bei dem aber glücklicherweise das Salettl und die alten Kastanien verschont blieben. Heute ist die bekannte Starkbierhochburg in neuem Glanz aufgebaut, und es kann wieder alljährlich zu Beginn der Fastenzeit und Starkbiersaison die Salvatorprobe (*salvator* bedeutet im Lateinischen übrigens Retter) mit dem berühmten »Politikerderblecken« stattfinden.

50 Seehaus
Biergarten am Wasser

Sehen und gesehen werden, so lautet hier das Motto. Das Seehaus in einmaliger Lage mitten im Englischen Garten ist auch im Winter ein beliebter Treffpunkt der schicken Jugend. Bei sonniger Föhnwetterlage sind die Tische direkt am Kleinhesseloher See oft gerammelt voll.

51 Taxisgarten
Der grüne Obazde

Dieser Altmünchner Biergarten in Neuhausen musste seine einst 3000 Plätze um die Hälfte reduzieren und wegen Geruchsbelästigung der Nachbarschaft auf das Grillen von Steckerlfischen verzichten. Der Beliebtheit hat es keinen Abbruch getan. Die eigene Metzgerei bietet für jeden Geschmack etwas, und der »Grüne Obazde« (mit Petersilie) ist bei den Käseliebhabern der Renner.

52 Viktualienmarkt
Alle Münchner Biere im Turnus
Die Genussoase zwischen Heiliggeistkirche und Altem Peter im Herzen von München ist seit eh und je ein Publikumsmagnet ersten Ranges. Heute ist der einstige Bauernmarkt und das Wohnzimmer der Münchner ein Tummelplatz für die ganze Welt. Standhaft verteidigt der Markt aber seine bayerischen Wurzeln nach dem altbewährten Mittel »Leben und leben lassen« – und das ist gut so.

53 Waldwirtschaft
Ein Biergarten jazzt
In der »Wawi« nahm die Biergartenrevolution von 1995 ihren Ausgang. Da zogen Nachbarn vor Gericht, die strengere Öffnungszeiten wollten. Letztlich aber ohne Erfolg. Hoch über dem Isartal treffen sich nach wie vor bei Live-Jazz-Musik Familien, die mit dem Radl kommen, Gäste aus der Nachbarschaft und Prominenz.

Hochreiter-Biergarten
Viktualienmarkt 16
80331 München-Altstadt
Tel.: 089/29 75 45
www.biergarten-viktualien-markt.de
Sonntag Ruhetag!

Waldwirtschaft
Georg-Kalb-Straße 3
82049 Großhesselohe bei München
089/74 99 40 30
www.waldwirtschaft.de

Auf dem Viktualienmarkt ist immer was los.

54–56 Die letzten echten Klosterbrauereien

Vom Hungerstiller zum Wirtschaftszweig

Bock und Doppelbock sind keine Kartenspiele. Auch keine Turngeräte. Und sie grasen auf keiner Weide. Man schenkt sie ein und genießt sie als »flüssiges Brot« – Starkbier. Eine klösterliche Erfindung!

Im Mittelalter waren es vor allem die Klöster, die sich dem Bierbrauen verschrieben und die Braukunst vorantrieben. Kein Wunder, schließlich war das Starkbier in der österlichen Fastenzeit ein willkommener Trost. Mit der Säkularisation 1803 kam jedoch auch das Ende der meisten Klosterbrauereien. Der permanente Geldmangel in den Staatskassen des herrschenden Adels hatte dazu geführt, dass die Macht der Klöster gebrochen und ihre Besitztümer an den Meistbietenden verkauft wurden. Später gab das Wittelsbacher Königshaus einige Klöster, vor allem den mehr weltlich orientierten Benediktinermönchen, zurück. Übrig geblieben sind in Oberbayern gerade einmal vier echte Klosterbrauereien und von den anderen nur die Namen. Von diesen nimmt die Klosterbrauerei Andechs, vor allem, was ihren Bekanntheitsgrad betrifft, eine herausragende Stellung ein. Alle Klosterbrauereien haben sich aber auf dasselbe spezialisiert: das Brauen von Starkbier, auch Bockbier genannt.

Klosterbrauerei Andechs
Bergstraße 2
82346 Andechs
Tel.: 08152/376-05

54 Kloster Andechs
Auf zum »heiligen Berg«

Das Bier und der liebe Gott sind auf dem »heiligen Berg«, wie die Anhöhe liebevoll genannt wird, kein Widerspruch. Das beweist folgender Dialog zwischen einem amerikanischen Studenten und dem ehemaligen Cellerar des Klosters, Pater Daniel. Student: »Pater, wie lässt sich denn Kirche und Bier beziehungsweise Glaube und Alkoholgenuss miteinander vereinbaren?« Pater Daniel, schlagfertig: »Bei euch gibt es den berühmten American way of life und das hier ist der Bavarian way of life!«

Diesen »bayerischen Weg« schlagen an einem schönen Wochenende etwa 40 Kilometer südwestlich von München Tausende von Leuten ein. Manche von ihnen halten sich dabei an den Ritus: zuerst in der wunderschönen barocken Wallfahrtskirche eine Kerze anzünden und

rung verkauft. Nur an hohen kirchlichen Feiertagen kam der Markt zur Ruhe. Heute regeln Ladenschlusszeiten den Betrieb, und alle Läden, selbst der Biergarten, bleiben am Sonntag geschlossen. Aus dem einstigen Bauernmarkt ist ein Schlemmermarkt mit einer riesigen Auswahl und Vielfalt, aber auch zum Teil gesalzenen Preisen geworden. Wer jedoch nicht unbedingt weiße Trüffel braucht, für den hat der Markt immer noch Schmankerl, die gut und erschwinglich sind. Eine Heringssemmel mit vielen Zwiebelringen, eine knackige Bratwurst oder eine lauwarme Schmalznudel lässt das Genießerherz höher schlagen. Schlendert man so über den Markt, ist es gar nicht leicht, den Überblick über das gigantische Angebot zu bekommen.

Einer der größten Freiluftmärkte Europas

Bei einem Spaziergang über den Viktualienmarkt kann man in den Angeboten lesen wie in einem Schmankerlführer. Natürlich sind hier nur Spezialitäten aufgeführt, die mir persönlich einfach prima gemundet haben. Vom Café Frischhut am Südwestrand des Marktes aus kann man entweder von drinnen oder draußen bei einem Haferl Kaffee das Treiben um den Viktualienmarkt herum wunderbar beobachten. Hier gibt es die ultimativen Schmalznudeln, die stets frisch, meistens sogar noch ganz heiß auf den Tisch kommen. Besondere Schmankerl bieten auch folgende Geschäfte an:

Veranstaltungen

Sommerfest: 1. August
Gärtnertag: 1. Dienstag im August
Prominentenwiegen:
1. Donnerstag nach dem Oktoberfest
Tanz der Marktfrauen: Faschingsdienstag

Links: Die Metzgerzeile: Fast jeder Metzger hat eine eigene Spezialität. Rechts: Das Brot »Gut zum Leben«.

Backwaren: Café Frischhut, Prälat-Zistl-Str. 8, Tel.: 089/26 82 37; geöffnet Mo–Sa 7–18 Uhr. – Schmalznudeln.

Brot: Bäckerliesl, Viktualienmarkt, Abt. III, Stand 4/27, Tel.: 089/26 87 74; geöffnet Di–Fr 5:30–18 Uhr, Sa 5:30–15 Uhr. – Doppelt gebackenes Bauernkrustenbrot.

Gut zum Leben, Abt. VI, Stand 1/3, Tel.: 089/26 54 02, www.gut-zum-leben.de; geöffnet Mo–Fr 7–19 Uhr, Sa 7–17 Uhr. – Landbrot.

Fisch: Fisch Witte (Bistro), Abt. VI, Laden 3–6, Tel.: 089/22 26 40, www.fisch-witte.de; geöffnet Mo–Fr 7–18 Uhr, Sa 7–16 Uhr. – Fischsuppe, Fischsemmel.

Fleisch: Metzgereien in der »Metzgerzeile« am Petersbergl:

Metzger Schlagbauer: Abt. VII, Laden 3, Tel.: 089/23 26 99 80; geöffnet Mo–Fr 8–19 Uhr, Sa 8–18 Uhr. – Lamm, Lammschinken.

Metzgerei Leistl & Müller: Viktualienmarkt 2, Tel.: 26 61 46. – Porterhousesteak und T-Bone-Steak.

Metzgerei Rudolf Maier: Abt. VII, Laden 10, Tel.: 089/26 59 90; geöffnet Mo–Fr 8:30–18:30, Sa 8–16 Uhr (Advent bis 18 Uhr). – Schinkenspezialitäten und Würste.

Metzgerei Matthias Eisenreich: Abt. V, Laden 12, Tel.: 089/29 75 12; geöffnet Mo–Fr 8–18 Uhr, Sa 7–16 Uhr. – Innereien, Kälberfüße.

Marmelade: Rottler GmbH, Abt. I, Stand 9–11, Tel.: 089/26 61 36, www.rottler-gmbh.de; geöffnet Mo–Di, Do–Fr 7–19 Uhr, Sa 7–17 Uhr. – Über 60 verschiedene Aufstriche und Gelees, schwarze Nüsse, grüne Mandeln.

Sein Markenzeichen: der Hut und die Marmeladen

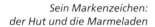

Pralinen und Schokolade: Chocolate & More, Confiserie Lauenstein (Stehcafe), Westenriederstr. 15, Tel.: 089/255 44 95; geöffnet Mo–Fr 10–18 Uhr, Sa 10:30–16 Uhr. – Trinkschokolade, Schokoladentrüffel.

Saure Delikatessen: Ludwig Freisinger's saure Ecke, Viktualienmarkt, Abt. I Stand 8, Tel.: 089/86 59 84; geöffnet Di–Fr 8–19 Uhr, Sa 7–16 Uhr. – Essiggurken.

Suppen: Münchner Suppenküche, Abt. III, Stand 5/28/29, Tel.: 089/74 74 74-78, www.muenchner-suppenkueche.com; geöffnet Mo–Fr 10–18 Uhr, Sa 9–17 Uhr. – Saures Lüngerl, Leberknödelsuppe, Gemüsesuppe.

Wild: Bayerisches Wild und Geflügel, Laden 8, Tel. 089/35 64 52 52, www.bayerisches-wild-gefluegel.de; Mo–Sa 7:30–18 Uhr. – Hirschleberkäs.

Wurstwaren: Schlemmermayer Wurst- und Schinkenfachgeschäft (Imbiss), Viktualienmarkt, Abt. V, Laden 3, 4, Tel.: 089/29 55 75; geöffnet Mo–Do 9–18:30 Uhr, Fr 8:30–19 Uhr, Sa 7:30–16 Uhr (Nov/Dez 7:30–18 Uhr). – Bratwurst.

Links: Feine Schokolade; rechts: Weniger Fett in der Wurst durch Hirsch und Co.

Links: Die Leberknödelsuppe; rechts: Sauer macht lustig.

Gaststättenregister